A Splendid Blend of China and the West

浑融中西 绚彩华丽

Canton Enamels
of the Qing Dynasty

清代广东金属胎画珐琅

深圳博物馆 编　　文物出版社

國家藝術基金
CHINA NATIONAL ARTS FUND

国家艺术基金资助项目
彩票公益金资助——中国福利彩票和中国体育彩票

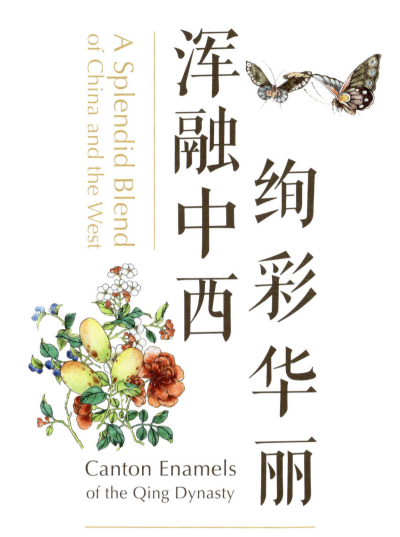

A Splendid Blend of China and the West

浑融中西 绚彩华丽

Canton Enamels of the Qing Dynasty

清 代 广 东 金 属 胎 画 珐 琅

深圳博物馆 编

文物出版社

图书在版编目（ＣＩＰ）数据

浑融中西　绚彩华丽：清代广东金属胎画珐琅 / 深圳博物馆编. —— 北京：文物出版社，2023.11
　　ISBN 978-7-5010-8147-9

　　Ⅰ．①浑… Ⅱ．①深… Ⅲ.①珐琅－瓷器(考古)－广东－清代－图集 Ⅳ．①K876.32

中国国家版本馆CIP数据核字(2023)第145994号

图录编辑委员会

主　　任：黄　琛

副 主 任：蔡惠尧　杜　鹃

主　　编：郭学雷

副 主 编：黄阳兴

执行主编：罗晶晶

编　　委：罗晶晶　陈　坤　周庭熙　胡亚楠

装帧设计：王展彤

浑融中西　绚彩华丽：清代广东金属胎画珐琅

编　　者：深圳博物馆

责任编辑：王　伟

责任印制：王　芳

出版发行：文物出版社

社　　址：北京市东城区东直门内北小街 2 号楼

邮　　编：100007

网　　址：http://www.wenwu.com

经　　销：新华书店

印　　刷：雅昌文化（集团）有限公司

开　　本：635mm×965mm　1/8

印　　张：43

版　　次：2023 年 11 月第 1 版

印　　次：2023 年 11 月第 1 次印刷

书　　号：ISBN 978-7-5010-8147-9

定　　价：598.00 元

"浑融中西 绚彩华丽——清代广东金属胎画珐琅特展" 展览委员会

展览主办

深圳博物馆　　香港中文大学文物馆

展览协办

故宫博物院　沈阳故宫博物院　天津博物馆　首都博物馆　广州博物馆

广州十三行博物馆　东莞市博物馆　中国(海南)南海博物馆　深圳市南山博物馆

展览委员会

深圳博物馆团队

学术策划：郭学雷

项目统筹：黄阳兴　李　飞

执行策展人：罗晶晶

内容设计：罗晶晶　陈　坤　周庭熙　胡亚楠

形式设计：周艺璇

陈列布展：罗晶晶　周庭熙　胡亚楠　黄阳兴　陈　坤　黄建彬　高　雅　喻　珊　陈珊婉

　　　　　冯艳平　周艺璇　刘绎一　邓承璐　邓应知　刘　倩

文物保护：李怀诚　杜　宁　邓承璐　蔡　明

宣传推广：陈丹莎　吕　虹　吕宇威　赖聪琳　杨佩涓　王海彬　李佳哲　张晴雲

社会教育：王　彤　梁　政　胡秀娟　何安琪　孙嘉希　张凤远　陈效愚　王晓晨

　　　　　宋晋丽　尚逸娴　姜　楠　鄂溪瑶　傅书珍　张晓婷　杨涵茹　凯迪日耶

行政支持：乔文杰　李　飞　邵　扬　闫　明　饶珊轶　吴玉洁　黄　萌　陈思贤　曾庆诚

运行保障：刘剑波　张旭东　土洹涛　刘　磊

信息技术：海　鸥　牛　飞　杨　帆

安全保卫：肖金华　杨勇文　陈顺明　韦　震　崔思远

香港中文大学文物馆团队

总策划：许晓东

展品说明：许晓东　周颖菁　高　洋　赵丹坤

展览筹备：何颂文　黄韵璋　陈娟安　谭彩欣　黎佩怡　叶采欣

摄影：邓明亮

目 录
Contents

前　言

康熙开海后，东西方交流日臻兴盛。广州，这座华南沿海最重要的港口城市，更成为欧洲各类新奇舶来品及西方科技、文化进入中国的首站。凭借地利之便和传教士的推动，广州引入欧洲的画珐琅技术，熔中西文化与工艺技术于一炉，发展出了全新的岭南工艺名品——广珐琅。

广珐琅是 18 世纪以来，最具岭南特色的重要工艺品之一。有清一代，其曾行销欧美、东南亚和南亚、中东等地，并进贡清廷，兼及国内市场。在中国画珐琅的创烧与发展过程中，广州在地域、人才、技术及原料等方面，始终较宫廷占一定优势；在工艺与装饰方面，也往往得领风气之先。其创始之初的艺术水平，即臻于清代巅峰，精品更堪与宫廷画珐琅比肩。18 世纪中期，粤海关开始大量"成做"供御画珐琅器，并借鉴西洋技术，推陈出新，发展出中国的透明珐琅工艺。

广珐琅的成功创烧，不仅引发了广东最富盛名的广彩的产生及在西方的广为流行，而且对宫廷画珐琅的成功烧制及景德镇釉上彩瓷的发展，均产生了积极推动作用，深刻改变了清代陶瓷的总体风貌，对中国陶瓷的发展影响深远，在中西文明交流史上占有不可替代的重要地位。

本展览为香港中文大学文物馆与深圳博物馆联合申报的 2022 年度国家艺术基金资助项目。展览聚焦广珐琅产生的历史背景、技术源流、装饰题材、宫廷互动和外销市场等方面，重点呈现广珐琅的早期面貌及中西文化与工艺深度融合的细节。希望籍此能让大众领略到广珐琅的主要成就、工艺之美与深远影响，并从中汲取前人智慧，让传统的广珐琅工艺焕发出时代的光彩。

Introduction

After the abolishment of the ban on maritime trade during the Kangxi reign(1684), exchanges between East and West began to flourish. Guangzhou, once the most important port city on the South China Sea Route, became the first stop for all kinds of European novelties, as well as Western technology and culture. With the convenience of its location and the promotion of European missionaries, Guangzhou introduced European enameling techniques, blending culture, art, and craft techniques of East and West to develop a new craft with Lingnan characteristics - the Canton Painted Enamel.

Canton Painted Enamel has been one of the most significant arts with Lingnan characteristics since the 18th century. During the Qing dynasty, the Canton enamels were widely sold in Europe, America, South-east Asia, South Asia and the Middle East , and South Asia, as well as in the domestic market, where they were paid as tribute to the Qing court. In the early stages and the developmental process of Chinese painted enamels, Guangzhou has always had an advantage over the court in terms of its location, talents, techniques and raw materials. Canton enamels are also often at the forefront of craftsmanship and decoration. At its inception, it was the pinnacle of the art of the Qing dynasty, and its finest pieces were comparable to those of the court enamels. In the mid-18th century, the Guangdong Maritime Customs began making large quantities of painted enamels for the imperial court and, drawing on Western techniques, pushed the boundaries with the development of Chinese *basse-taille* enamels.

The successful creation of Canton Painted Enamels not only led to the creation of Guangdong's most famous Kwon-Glazed Porcelain and its widespread popularity in the West, but also contributed to the successful firing of enamels at the court as well as the development of over-glaze colored porcelain in Jingdezhen. It profoundly changed the overall appearance of Qing Chinese porcelain, and had a prominent impact on the development of Chinese porcelain, holding an irreplaceable and prominent place in the history of exchange between Chinese and Western civilizations.

Sponsored by the China National Arts Fund, this exhibition is a joint project of the Art Museum of the Chinese University of Hong Kong and the Shenzhen Museum for the year 2022. Focusing on the trading history, technical origins, decorative motifs, court engagement, and the export markets in which Canton Painted Enamel was created, this exhibition highlights the early characteristics of Canton Enamels and the remarkable integration of Chinese and Western culture and craftsmanship. We hope the general public can appreciate the beauty and achievements of Canton Enamels through this exhibition, and can be inspired by the wisdom of predecessors, then brighten the traditional Canton enameling craft in the modern world.

〔康熙开海与十三行贸易〕

康熙二十三年（1684），海禁解除。得益于地利之便及粤海关的行商管理体制，由官方管理的十三行贸易盛况空前，广州迅速发展成为中外贸易的中心。清初屈大均《广州竹枝词》中"洋船争出是官商，十字门开向二洋。五丝八丝广缎好，银钱堆满十三行"①的著名诗句，即是对广州贸易盛况最真实的写照。乾隆二十二年（1757），清廷指定广州"一口通商"，奠定了广州对外贸易第一大港的地位，影响持续到道光末年。广珐琅就是在这样的历史环境中，应运而生，日臻兴盛，最终成为行销海内外的岭南工艺名品。

《广州鸟瞰图》
佚名，1760~1770 年
大英图书馆藏（藏品编号 K.Top.116.22.2TAB.）

---

① 〔清〕屈大均撰：《广东新语》卷15《货语·纱缎》，康熙庚辰版。检索于哈佛大学燕京图书馆藏中文善本古籍。

广州制作的墙纸（局部）
约 1800 年
美国迪美博物馆藏（藏品编号 AE86556）

"广州城郭天下雄，岛夷鳞次居其中。……碧眼番官占楼住，红毛鬼了经年寓。濠畔街连西角楼，洋货如山纷杂处。"

罗天尺撰：《瘿晕山房诗删》卷四，
清乾隆二十五年石湖刻、清乾隆三十一年续刻本，第83页

〔 画珐琅与广珐琅 〕

画珐琅是以矿物质的硅、铅丹、硼砂、长石、石英等原料按适当比例混合，分别加入各种呈色的金属氧化物，经焙烧、磨碎，制成粉末状彩料后，依各类画珐琅工艺的要求，绘于不同质地器物胎体上，再经烘烧而成的珐琅制品。依器物胎质不同，可分为玻璃胎、紫砂胎、金属胎和瓷胎画珐琅等品种。[①]

广珐琅属金属胎珐琅的一种，是广州铜胎画珐琅的简称，又称"洋瓷"[②]。其制作方法是先在紫铜坯体上涂白色珐琅彩打底，入窑烧制后，在光滑的表面上以各色珐琅彩料和金彩描绘图案，再经多次烘烤而成。

---

① 施静菲：《日月光华：清宫画珐琅》，台北：台北故宫博物院出版社，2012年，第14～20页。

② Bushell, Stephen w. 1905. *Chinese Art.* Printed for His Majesty's Stationery Office. p.83.

玻
璃
胎

玻璃胎画珐琅蓝地花卉纹瓶

清 康熙

台北故宫博物院藏

（藏品编号故瓷 017588）

紫
砂
胎

"康熙御制"款画珐琅四季花卉纹紫砂方壶

清 康熙

台北故宫博物院藏

（藏品编号故瓷 016975）

金
属
胎

铜胎画珐琅黑地流云玉兔秋香纹鼻烟壶

清 雍正

台北故宫博物院藏

（藏品编号故瓷 000202）

瓷
胎

"雍正年制"款黄地珐琅彩梅花纹碗

清 雍正

故宫博物院藏

（藏品编号故瓷 00151907）

〔画珐琅工艺流程〕

第一步　制作铜胎
以紫铜板按设计图样制作铜质胎体。

第三步　描绘图案
按照设计线稿，以单色或多色珐琅彩料点在器表、精细勾勒纹样。

第二步　涂挂白釉
于铜胎表面涂施一层白色珐琅釉，入炉烧结后，使其表面平滑（涂、烧二至四次）。

第四步　积地烧彩

按照设计色样，按各色的珐琅彩料的熔融温度区别，分别绘制图案，再将产品置入炉中经 750~800 ℃ 焙烧。一般需烧制二至四次。

第五步　打磨成品

焙烧冷却后，清洗、打磨抛光产品。

①杨志峰作品：铜胎画珐琅锦绣前程盘。图片及制作过程文字由广州承峰珐琅艺术工作室提供。

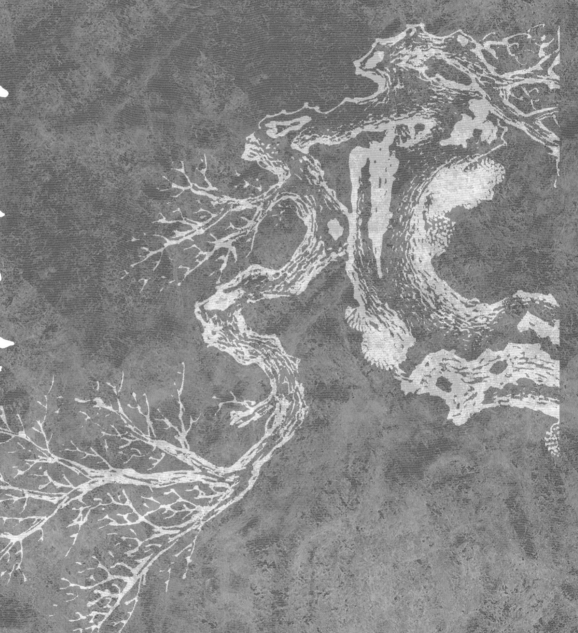

第一单元

臻于巅峰

ACHIEVING THE PINNACLE

初创的广珐琅，在经历了短暂的摸索之后，便迅速走向成熟并臻于巅峰。至迟在康熙朝的最后十年，广珐琅已创烧成功。另从广东巡抚杨琳的奏折内容进一步得知，康熙五十五年（1716）时，广珐琅制品已"颇好"，技高一筹的广匠，还屡被举荐至清宫参与画珐琅制作。

广珐琅创始之初，受西来传教士影响，流行天主教装饰题材。其珐琅彩料、明炉等技术源自欧洲，但绘画技法兼及中西，且有高水平画师参与。康熙末年，广匠更多效法清早期宫廷名家画作，借鉴广东端州等地款彩屏风装饰及景德镇陶瓷工艺，融入时尚元素，造就了早期广珐琅中西合璧的独特样貌。此时的广珐琅精品，所绘山水、人物、花鸟等技艺高超、细腻传神，色料考究、凝厚浓艳，艺术水平已臻于有清一代巅峰，精品堪与宫廷画珐琅比肩。

After a brief period of discovery, the production of Canton enamels had already achieved remarkable success by the last decade of the Kangxi reign. It is also clear from the memorials of Yang Lin, the Provincial Governor of Guangdong, that by the year 1716, Canton enamels had become "quite good", and that Canton craftsmen with greater skills were frequently recommended to the Qing court to participate in the production of painted enamel.

Influenced by missionaries from the West, Canton Enamel was popular for painting Catholic decorative subjects at its inception. Its enamelled colors, external furnace and other techniques are of European origin, but its painting techniques combine Chinese and Western, often with the involvement of master painters. In the late Kangxi years, the Canton craftsmen modelled the works of famous early Qing dynasty court painters, and drawing on the decorative motifs of the Duanzhou Coromandel screens, in addition to the ceramic craftsmanship in Jingdezhen, early Canton enamels had created a unique style that combines East and West. By this time, the landscapes, figures, flowers and birds painted on the finest Canton enamels were exceptionally skillful, delicate and evocative, and the colors were elaborate, solid and pigmented. It was the pinnacle of artistry in the Qing dynasty, and the finest pieces were comparable to court enamels.

西风东渐

　　明末清初，大量西方传教士来华，采取以宣扬西方科学技术知识为手段，进而在中土立足、传教的策略，从而开启了西学东渐的历程。崇祯、顺治、康熙三位皇帝对传教士和西学也优渥有加。传教士在带来宗教信仰的同时，也将西方的天文、地理、数学、医学等科技知识传入中国，还带来了西方的工艺美术制作技艺。在此背景下，西方画珐琅技艺于康熙末年传入了广州、北京。

　　广珐琅不仅带有鲜明的西洋珐琅遗痕，而且早期广珐琅的装饰题材，也大多来自西方。西洋装饰多为神话故事、宗教题材和17、18世纪欧洲生活场景等。其图像母题多来自欧洲的版画、画稿或画珐琅作品，当由赴广州的欧洲商人、传教士或旅行者带来。

【西来之艺】

画珐琅工艺起源于15世纪中后期的欧洲。法国利摩日地区是早期的中心，其工艺多用于制造十字架、圣书函、饰板、教会用器皿等天主教圣物。进入17、18世纪，欧洲的画珐琅工艺中心转移到法国巴黎、南德地区，一些世俗器物如怀表、鼻烟盒、袖珍画像等也多用画珐琅工艺制作。

康熙二十三年（1684），康熙皇帝南巡时接见了耶稣会传教士毕嘉（Jean Domenico Gabiani）和汪儒望（Jean Valat），他们进献给皇帝的礼物中就有鼻烟壶和画珐琅盒。随后的法国传教士使团也带来了画珐琅制品，张诚（Jean François Gerbillon）在寄回耶稣会的信中报告说康熙皇帝想要小的珐琅钟表，希望找寻"通晓（制作）珐琅和玻璃秘密的人"。[①]

利摩日地区生产的铜胎画珐琅杯
Laudin, Noël II
约 1700 ～ 1720 年
法国卢浮宫博物馆藏
（藏品编号 5.1.598）

法国生产的画珐琅金扣饰
约 1626 ～ 1675 年
大英博物馆藏
（藏品编号 1978,1002.543）

圣家族图像画珐琅怀表
表 由 Jacques Goullons 制 作，画 珐
琅 装 饰 由 Jacques Stella 绘 制，约
1645 ～ 1650 年
法国巴黎或布鲁瓦生产
大都会艺术博物馆藏
（藏品编号 17.190.1627）

---

① 许晓东：《康熙、雍正时期宫廷与地方画珐琅技术的互动》，柏林马普学会科学史所编：《宫廷与地方：十七至十八世纪的技术交流》，北京：紫禁城出版社，2010年，第277～335页。

西洋人物图鼻烟壶
Snuff Bottle with Westerners

18 世纪早期，康熙
高 5.5 厘米　宽 4.6 厘米　厚 1.6 厘米
香港中文大学文物馆提供（水松石山房藏）

　　壶呈扁圆形，两面各绘西洋人物。其中男士上身内搭白色衬衣、外着紫色无领长外套，下身穿蓝色短裤、红长袜和黑鞋，这是欧洲17、18世纪绅士的流行穿搭[①]，亦可见于清代《职贡图》中。[②]该壶印证了杨琳奏折中"鼻烟壶"的记述。

　　该壶整体工艺略显粗糙，白色底釉有多处气孔，人物、树木衬景所用彩料发色欠佳，表明此器为广珐琅初创阶段的作品。

《职贡图》之《大西洋国夷人》（局部）
清　乾隆二十二年（1757）　傅恒等
法国国家图书馆藏

另一面图

---

① John Peacock, 1991, *The Chronicle of Western Costume: From the Ancient World to the Late Twentieth Century*, London: Thames and Hudson, pp. 115-152.

② 林颀玲：《士兵与圣母——清宫〈职贡图〉所呈现之西洋印象》，《议艺份子》第24期，2015年，第23～49页。

另一面图

| 03 |

开光"圣家族"图鼻烟壶
Snuff Bottle with the Holy Family in Framed Panels

18 世纪早期，康熙
高 7 厘米 宽 6.5 厘米 厚 2.5 厘米
香港中文大学文物馆提供（水松石山房藏）

　　壶身呈扁三角形，两面开光外与圈足所绘卷草纹是早期广珐琅常见的边饰之一。开光内一面绘圣家族，另一面绘圣母玛利亚与圣子耶稣，其背景衬以中国特色的"卍"字锦纹旭日云海图屏风，几案上有插珊瑚花瓶和果盘。该鼻烟壶发色欠佳，局部釉彩有过烧气泡，初创特征明显。

　　烟草于晚明由欧洲传入中国，最初主要是点燃烟叶以口吸食，被认为有明目、避疫、提神等功效。[1]清代社会上层流行以鼻吸入的方式使用鼻烟，盛装烟草的器皿多作细开口的小壶、壶盖下配有象牙质的小勺取用鼻烟粉末。[2]

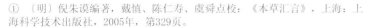

[1] 〔明〕倪朱谟编著，戴慎、陈仁寿、虞舜点校：《本草汇言》，上海：上海科学技术出版社，2005年，第329页。
[2] 〔清〕王士禛撰：《香祖笔记》卷七，清同治光绪间上海申报馆排印申报馆丛书，第200页。爱如生中国基本古籍库检索。

【中国化的天主教题材】

　　早期广珐琅的西洋人物题材，多与天主教有关。康熙帝对天主教的宽容政策，使得其在位期间，成为中国天主教发展的黄金时期，广东天主教也臻于鼎盛。康熙五十九年（1720），朝廷与教皇的"礼仪之争"激化，[①]康熙帝下令全国禁教，中国进入"百年禁教"时期。广珐琅中天主教题材的流行，正是康熙朝天主教获得大发展的缩影。

　　天主教题材的早期广珐琅制品，兼具宗教传播功能，这也是西方传教士成为早期广珐琅发展背后重要推手的缘由。值得注意的是，早期广珐琅中的天主教题材，均进行了中国化的改造，如圣约翰与圣子耶稣，形象甚至被中国化，并加入中式庭院风景、家具、陈设等，以适应在中国传教之需。

利摩日地区生产的"圣家族"画珐琅片
16 世纪
大英博物馆藏
（藏品编号 1855，1201.26）

开光圣家族图碗（底部有天主教图记）
18 世纪初期
英国维多利亚与艾尔伯特博物馆藏（藏品编号 c.36-1924）

广珐琅"圣家族"圆形画片
哈利·加纳《玫瑰红的起源》一文收录

---

① 吴旻、韩琦：《礼仪之争与中国天主教徒——以福建教徒和颜珰的冲突为例》，《历史研究》2004 年第6 期，第83～91、191页。

左：广珐琅圣母玛利亚与圣子画片，18 世纪早期，康熙，Rafi Y. Mottahedeh 夫妇旧藏
中：《圣母玛利亚》，Francisco Rizi，约 1650 年，大英博物馆藏（藏品编号 1895,0915.878）
右：《耶稣与圣约翰》，Wenceslaus Hollar，17 世纪，大都会艺术博物馆藏（藏品编号 51.501.1381）

《圣家族图》
Peter Paul Rubens
17 世纪 30 年代
大都会艺术博物馆藏（藏品编号 02.24）

第一单元　臻于巅峰

圣母颂图画片
Plaque with the Holy Family

18 世纪早期，康熙
长 10.4 厘米 宽 10.1 厘米 厚 0.5 厘米
香港中文大学文物馆提供（水松石山房藏）

    此画片背面遍施白色珐琅釉，正面彩绘西洋圣经人物。画面中，树下棕黄色卷发女子戴红宝石项链，身穿胭脂红色的上衣和红色披肩，色调明丽。女子手指西文书籍，三卷发童子注目倾听。此图像源自欧洲流行的天主教圣母颂（Madonna of the Magnificat）题材。有意思的是，原本画面中的西式装帧书籍，被中国特有的线装书替代。本品曾在1978年牛津大学阿什莫林博物馆展览中展出[1]。

    这类大小的画珐琅饰片多镶嵌于盒、瓶及家具上。[2]于小尺寸的画珐琅片上绘画人物肖像的技术源自17、18世纪欧洲上层流行的袖珍肖像画片。[3]本品人物五官、皮肤的描绘，亦可见欧洲点描法的影响。

铜胎画珐琅报喜图画片
18 世纪早期 康熙
香港艺术馆藏（藏品编号 c1979.0157）

浑融中西 绚彩华丽 清代广东金属胎画珐琅

---

[1] Michael Gillingham 1978. *Chinese Painted Enamels: An Exhibition Held in the Department of Eastern Art.* Oxford: Ashmolean Museum, p.22.

[2] Maria Antónia Pinto de Matos, Ana Moás, and Ching-Fei Shih, 2021 *The RA Collection of Chinese Enamelled Copper. A Collector's Vision,* London: Jorge Welsh Research & Publishing, p. 123.

[3] Erika Speel, 2008. *Painted Enamels: An Illustrated Survey 1500-1920,* Aldershot: Lund Humphries, pp. 45-51.

05

天主教人物图盆
Basin with Westerners

18 世纪早期，康熙
高 6.5 厘米 口径 36 厘米
天津博物馆藏

　　折沿盆外缘为一周白地百花纹。盆内的西洋人物以中国传统山水及教堂为衬景，女士一手拈康乃馨，一手指向教堂，天主教意味浓厚。画面中女士身着衫裙、披肩男士着排扣外套、小脚裤及黑色三角礼帽，均是欧洲18世纪流行的服饰穿搭。[1]所绘西式教堂、人物置于中式山石树木之中，浑然一体、细腻传神，艺术水平极高。

　　盆外底有三个铜支钉，外缘和中心饰多色珐琅彩绘游龙纹。

外底

① Madeleine Delpiere. 1997. *Dress in France in the Eighteenth Century*. New Haven: Yale University Press.

浑融中西　绚彩华丽　｜　清代广东金属胎画珐琅

开光"圣家族"图盘
Plate with the Holy Family in a Framed Panel

18 世纪早期，康熙
高 3.5 厘米 口径 24 厘米 底径 14.3 厘米
香港中文大学文物馆提供（两庆书屋藏）

盘面开光外为缠枝花果，外壁饰折枝花，点缀有蝴蝶、天牛和青蛙，盘底饰团螭纹。

盘内西洋人物应属16世纪开始流行于欧洲的"圣家族"题材。[1]抱婴者或是怀抱耶稣的圣母玛利亚，白发长者为圣约瑟。背景为中式山水，地上陈设器物为冰裂纹罐、瓶花、果盘等，均含有中国元素。几上悬磬，小孩持棍敲击，意为"吉庆"。

该盘绘画中西合璧、笔法细腻、灵动传神，是难得的康熙广珐琅天主教人物题材精品。曾被1969年J.A.Lloyd Hyde编著的《公私收藏的中国画珐琅展》一书收录。[2]

浑融中西 绚彩华丽 ／ 清代广东金属胎画珐琅

---

① 林文昌：《西洋名画色彩鉴赏教学析论：以基督宗教四福音书代表人物之衣着为例》，《美育》第160期，2007年，第13～15页。
② Chinese Painted Enamels from Private and Museum collection展览图录，第12页。该展由美国中国协会举办，展览时间为1969年10月23日至1970年2月1日。

碗心

云龙纹圣母圣子图高足碗
Stem Bowl with Westerners and Cloud Dragons

18 世纪早期，康熙
高 13.3 厘米 口径 16 厘米 底径 7.9 厘米
香港中文大学 文物馆藏（世德堂惠赠）

　　高足碗造型，在画珐琅器中极其少见。本品外壁遍施胭脂红彩，即是杨琳奏折所提"积红"①，是早期广珐琅的一大特点。

　　碗内壁饰有黄、绿双色的四爪龙与云气纹一周。碗心女士左手抱裸体婴儿，右手执粉色康乃馨，应为圣母圣子图。中国特色的云龙纹，与西方天主教图案相配合，中西合璧，颇具特色。

① 《康熙朱批两广总督杨琳保送广东珐琅工匠进宫的奏折》（康熙五十七年九月初九日1718年11月1日），中国第一历史档案馆、广州市国家档案馆编：《清宫广州档案图录》，北京：人民出版社，2016年，第70页。

锦地开光"圣家庭"图提梁茶壶
Kettle with Indented Corners and the Holy Family in Framed Panels on Brocade Backgrounds

18世纪早期，康熙
通高 19 厘米 宽 7.3 厘米 底径 8×7.3 厘米
香港中文大学文物馆藏（无名氏惠赠）

　　壶体方形、倭角，壶腹以绿色八方锦纹为地，四面开光。其中一面绘圣母与圣子，一面绘"圣家庭"；另两面绘山野郊游的西洋人物。图案中的色块晕染，显示出晚明绘画的影响，特别是受洗场景中的人物表现形式，颇具晚明释道人物画的风格。

开光西洋人物珐琅彩瓷碗
清 康熙
台北故宫博物院藏
（藏品编号故瓷 002656）

《三教图》（局部）
明 丁云鹏 绘
故宫博物院藏
（藏品编号新 00105980）

另两面开光

山水西洋人物图提梁茶壶
Kettle with Westerners in Landscapes

18 世纪早期，康熙
通高 15 厘米 宽 9.5 厘米 底径 7.5 厘米
香港中文大学文物馆藏（世德堂惠赠）

　　壶提梁绘水波纹，间以三个卷草花卉纹开光。肩部缠枝花卉的花朵，以没骨法绘就。腹部绘山石郊野，两组共五位成年西洋人物游玩其中，人物均有披肩。另有两名带翅膀的天使穿梭其中。胭脂红色的披肩与17世纪下半叶欧洲画珐琅上人物的流行裙衫色彩相似。人物发型描绘细致，根根发丝、发卷明显。除背景尖顶建筑，山石树木均为中国传统绘画的表现方式。壶体鎏金呈色较佳、体量较重，均是早期广珐琅特点。

　　此壶曾在1978年牛津大学阿什莫林博物馆展览中展出。[1]

外底

另一面图

① Michael Gillingham. 1978. *Chinese Painted Enamels: An Exhibition Held in the Department of Eastern Art.* Oxford: Ashmolean Museum. p.24.

第一单元　臻于巅峰

锦地开光"圣家族"图茶盖碗
Covered Bowl with the Holy Family in Framed Panels on Brocade Backgrounds

18 世纪早期，康熙
通高 10.3 厘米
碗：高 6.9 厘米 口径 12.1 厘米 底径 5.9 厘米
盖：高 4.1 厘米 口径 11.1 厘米 底径 4.8 厘米
香港中文大学文物馆藏（世德堂惠赠）

　　碗外壁一周绘西洋庭院人物。盖面绘三开光，其一饰圣母与圣子，另绘圣子与圣约瑟，第三组应为圣子与圣约翰。其碗壁的山石皴法、树木、冰裂纹等，均为中国画常见元素。盖顶折枝花，花朵以没骨法绘就，应是受清初画坛的影响。

　　康熙五十七年（1718）九月初九，两广总督杨琳奏进珐琅匠的奏折中曾提及珐琅匠人林朝楷等所制"盖碗一对"，[①] 即是此类盖碗。

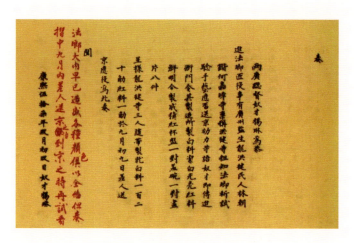

康熙朱批两广总督杨琳保送广东珐琅工匠进宫的奏折
康熙五十七年九月初九（1718 年 11 月 1 日）
中国第一历史档案馆藏

碗盖

另一面图

---

① 中国第一历史档案馆、广州市国家档案馆编：《清宫广州档案图录》，北京：人民出版社，2016 年，第 70 页。

开光西洋人物图倭角杯
Cup with Indented Corners and Westerners in Framed Panels

18 世纪早期，康熙
高 3.6 厘米 宽 6 厘米 口径 4.7×4.7 厘米 底径 3.5×3.5 厘米
香港中文大学文物馆藏（承训堂惠赠）

　　杯外壁以毯路锦纹为地，四面开光。杯把一侧开光内绘折枝花卉，另三面开光内分别绘有披发持瓶的西洋男士、拈花的卷发女士以及头戴三角帽的男士与仆从。

　　倭角杯和杯把的形制在中国传统杯类器具中比较少见，但在广珐琅作品中相对较多，且杯与碟常成套使用。[1]

铜胎画珐琅开光西洋人物倭角杯、碟
清 康熙
英国维多利亚与艾尔伯特博物馆藏
（藏品编号 C. 10-1937、C. 9A-1937）

另两面开光

① Michael Gillingham 1978. *Chinese Painted Enamels: An Exhibition Held in the Department of Eastern Art.* Oxford: Ashmolean Museum. p.31.

第一单元　臻于巅峰

开光"圣家族"图杯
Cup with the Holy Family in Framed Panels

18 世纪早期，康熙
高 5.4 厘米 口径 6.6 厘米 底径 3 厘米
香港中文大学文物馆提供（水松石山房藏）

　　外壁开光内绘三组西洋人物，有圣母玛利亚、圣子耶稣与
圣约翰等。背景采用中国室内陈设。西洋人物搭配中式室内装
潢或户外园林、山水，是广珐琅中常见的构图形式，也是西洋图
像进入中国市场的手段之一。这在明代南京刊印的天主教经书
《诵念珠规程》一书的插图中也有体现。[①] 杯身的万花献瑞，开
启了雍正、乾隆时期瓷器此类装饰的先河。

　　这种大小的杯子可见于欧洲17、18世纪的茶聚绘画中，瓷
质小杯使用时常配有小碟。[②] 欧洲人将咖啡或茶倒入小碟内降
温，就碟而饮。此杯曾于1978年牛津大学阿什莫林博物馆展览
中展出。[③]

《喝咖啡的女人》
Louis-Marin Bonnet，1774 年
大都会艺术博物馆藏
（藏品编号 65.692.6）

浑融中西　绚彩华丽　／　清代广东金属胎画珐琅

另两面开光

---

① 曲艺：《适应与坚持：由<诵念珠规程>中的建筑物解析17世纪耶稣会传教
策略》，《装饰》2015年第10期，第85～87页。
② Brian Cowan. 2005. *The Social Life of Coffee* New Haven and London: Yale
University Press.
③ Michael Gillingham 1978. *Chinese Painted Enamels: An Exhibition Held in the
Department of Eastern Art.* Oxford: Ashmolean Museum. p.13.

开光圣母图杯一对
Pair of Cup with the Holy Family in Framed Panels

18 世纪早期，康熙
高 5.6 厘米　口径 5.9 厘米
天津博物馆藏

　　杯身有三个椭圆形开光，内绘圣母玛丽亚等天主教人物。开光外为西洋万花纹（mille-fleurs）。于百花式地纹上分布椭圆形开光的纹饰结构可对照德国奥古斯堡所制的画珐琅杯盘。[①]

　　这类以牡丹等大朵花卉为中心，周围辅绘各种小花和草叶来覆盖全地或全器的装饰，清宫档案常称为"万花献瑞"或"百花献瑞"。[②] 内壁釉色浅蓝，是康熙时期杯盘的流行色。

①施静菲：《日月光华：清宫画珐琅》，台北：台北故宫博物院出版社，2012年，第63页、图45。
②铁源、李国荣等编：《清宫瓷器档案全集》第5卷，北京：中国画报出版社，2008年，第190页。

第一单元　臻于巅峰

14

龙纹锦地开光西洋人物山水图盆

Dish with Dragons, Westerners and Landscapes
in Framed Panels on Brocade Backgrounds

18 世纪早期，康熙／雍正
高 7.7 厘米 口径 41 厘米 底径 29 厘米
香港中文大学文物馆提供（水松石山房藏）

　　盆面以八方锦纹为地，内壁饰海水游龙。盆心八曲开光，内
绘西洋人物，其中女士姿势与裙装颇具中国仕女意味，场景亦
作中式风景，如树石、绣墩、冰裂纹甕等，长桌上盘内置佛手、柿
子和甜瓜。

　　盆外沿为清雅的冰梅纹，为康熙朝流行的时尚元素。盆底
为精美的山水图景，外环以多种华丽锦纹。青绿山水显然借鉴
清初四王之一王翚的山水构图、设色与皴染技法。唯画面中点
缀的房舍为欧式风格。

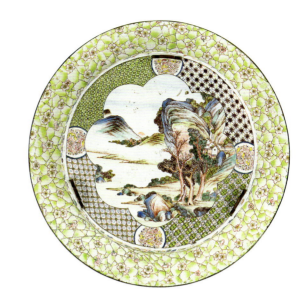

外底

第一单元　臻于巅峰

045

开光西洋人物图提梁茶壶
Kettle with Westerners in Framed Panels

18 世纪上半叶，康熙／雍正
通高 18.5 厘米　宽 11.5 厘米　腹径 8.1 厘米
深圳市南山博物馆藏

　　壶提梁及颈部均装饰有四方锦纹。壶身以百花纹为地，四面开光内绘西洋人物图。有草地上的情侣、主人与仆从，有饮酒、与宠物玩耍等情节，画面生动活泼。

底款

浑融中西　绚彩华丽／清代广东金属胎画珐琅

锦地开光西洋人物图提梁茶壶

Kettle with Westerners in Framed Panels on
Brocade Backgrounds

18世纪上半叶，康熙／雍正
通高18.5厘米 宽11.6厘米 腹径8.1厘米
深圳市南山博物馆藏

　　壶腹部以黄色毯路锦纹为地，六个开光内绘山水、花蝶和西洋人物图。

　　此提梁壶为典型中式造型，但开光内卷发人物、着飘带衬衫、长外套、紧裤袜的装束是欧洲18世纪男士的流行服饰。

底款

开光西洋人物图执壶
Kettle with Westerners in Framed Panels

18 世纪上半叶，康熙 / 雍正
通高 16 厘米 宽 14 厘米 腹径 7.9 厘米
深圳市南山博物馆藏

　　此壶口沿、流嘴处露出铜胎。颈部的云龙纹比较特别，以云龙纹搭配西洋人物纹的图式并不多见。

　　壶腹部有四面开光，上绘西洋人物图，胭脂红彩鲜明。人物有持瓶、佩剑、提篮持灵芝等动作，但无论成人男女或小童，均着西洋服饰。

锦地开光人物图壶
18 世纪，康熙
1978 年英国牛津大学阿什莫林博物馆中国画珐琅展图录收录①

浑融中西　绚彩华丽 ＼ 清代广东金属胎画珐琅

另一面图

底款

---

①　Michael Gillingham 1978. *Chinese Painted Enamels:An Exhibition Held in the Department of Eastern Art*. Oxford: Ashmolean Museum. p.50.

【明炉】

中国烤制珐琅的明炉技术来自欧洲。17世纪欧洲的珐琅烤炉圆或方形，中空，铁制或以泥土砌成。为方便操作，在炉膛底部，用耐火材料做成半个拱形炉洞，开口正对炉口，方便烤制器物的操作。炉膛围以炭火，待拱形炉洞烧到所需温度，便可用铁托架送入烤制的珐琅制品[1]。

乾隆朝宫廷画家绘制、督陶官唐英编写对题的《陶冶图册》中有"明炉暗炉"一开，其中提到"明炉类珐琅所用，口门向外，周围炭火，器置铁轮，其下托以铁叉，将瓷器送入炉中，旁以铁钩拨轮令其转旋，以匀火气，以画料光亮为度"[2]。乾隆广州瓷器外销画册页中有榜题"大炉"一帧，所绘亦属"明炉"。广珐琅明炉也大致如此。

据"大炉"册页所示，器物入炉之前要围以炭火预热，出炉后需以匣盖遮罩，令器物缓慢冷却，避免其因急剧降温而造成破损或釉面炸裂。早期明炉容积较小，故相应制品体量稍小。如早期广珐琅花瓶，需上下两段分制再焊接成一体，其颈肩部的金属带，即是分段制作的工艺痕迹。

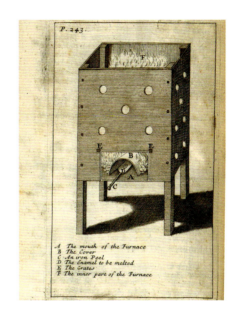

欧洲珐琅炉

 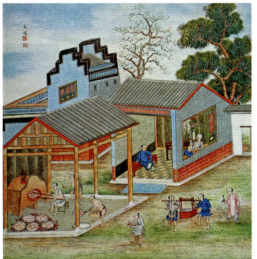

《瓷器制运图》册之"珐琅"、"大炉"[3]
清 乾隆

---

① Mr. H. Blancourt. 1699. *The Art of Glass: showing how to make all sorts of glass, crystal, and enamel.* (Written originally in French, 1650), first English edition.London: Dan Brown. p. 243.

② 余佩瑾：《〈陶冶图册〉所见乾隆皇帝的理想官窑》，《故宫学术季刊》2013年第3期，第185～220页。

③ Walter A.Staehelin. 1966. *The Book of Porcelain: The manufacture, transport and sale of export porcelain in China during the eighteenth century,* illustrated by a contemporary series of Chinese watercolors. Translated from the German by Michael Bullock.New York: The Macmillan Company. pp. 74,77.

开光山水洋人饮酒图碟
Saucer with Westerners Drinking Alcohol in Framed Panels

18 世纪早期，康熙
高 1.5 厘米 口径 12.2 厘米 底径 8.2 厘米
广州十三行博物馆藏

　　碟沿以黑色珐琅为地，颇为少见。四个开光内绘折枝花卉、山水港口图景。碟心以白色珐琅为地，绘水畔西洋男士倚树独酌，身侧有蓝色及冰裂纹酒瓮。

　　黑色珐琅地、底部团花的装饰可能受了法国利摩日珐琅工艺的影响。[1]但碟内壁折枝花的没骨画法则与清初恽寿平没骨花鸟画的流行密切相关。

广彩"又辛丑年制"款折枝花卉纹积红盘
清康熙六十年（1721）
大英博物馆藏（藏品编号 PDF. A. 832）

外底

---

① Caroselli, Susan L. 1993. *The Painting Enamels of Limoges*. Los Angeles: Los Angeles County Museum of Art.

| 19 |

开光西洋仕女对镜图碟
Saucer with Western ladies Using a Mirror

18 世纪早期，康熙
高 1 厘米 口径 11.5 厘米 底径 8 厘米
广州十三行博物馆藏

　　碟内绘西洋仕女对镜梳妆，其衣纹以铁红釉料描绘，颇具堆积感。口沿边饰冰梅、海水与卷草，组合多样。盘沿外壁以没骨法绘四组花卉。

　　碟内所绘仕女虽为西洋人物，却极具中式风貌。仕女安坐绣墩，手执铜镜。长案上置水丞、果盘，盘内置灵芝，背景栏杆、树木、山石等均富含传统中国画的艺术意趣。

外底

西洋人物图碟
Saucer with Westerners

18 世纪早期，康熙
高 1.5 厘米　口径 12 厘米　底径 6.5 厘米
广州十三行博物馆藏

外底

　　碟心绘两位西洋人物席地而坐，背景为树石楼台。其中红衣男子手执一物，侧身屈膝而坐，一如高士饮酒。外缘龟背锦地开光，内饰花卉纹。

　　碟外壁绘朵朵红梅花点缀于冰裂纹之上，具有孤傲高洁的特殊美感。外底的折枝葡萄，果实以没骨法绘出，颇具特色。

西洋人物图插屏
Table Screen with Westerners

18 世纪早期，康熙
通高 25.7 厘米　宽 11.4 厘米
首都博物馆藏

　　插屏木架内镶嵌有画珐琅画片。其一绘屋舍下一女子携两童子、一狗而归。女士下裙与男童上衫为深浅不同的胭脂红色。另一插屏绘水边一戴欧式三角帽的男士正在猎鸟，男仆在旁捆扎猎物。

　　明中叶之后，书房装饰与文玩赏藏之风盛行。文房用具里除实用的砚台、笔筒等外，装饰性的插屏置于书案之上，增添雅致。[1]

西洋人物图插屏
18 世纪早期
1978 年英国牛津大学阿什莫林博物馆
中国画珐琅展图录收录[2]

第一单元　臻于巅峰

---

① 赵丽红：《文房清供概述》，故宫博物院编：《文房清供》，北京：紫禁城出版社，2009年，第6～12页。
② Michael Gillingham 1978. *Chinese Painted Enamels: An Exhibition Held in the Department of Eastern Art.* Oxford: Ashmolean Museum. p.17.

【玫瑰红与积红】

玫瑰红(Famille Rose),中国称洋红、胭脂红或金红。英国学者霍尼(William. B.Honey)最早关注玫瑰红在欧洲的起源及与中国画珐琅的关系,指出:被后世称为粉彩系列的玫瑰红,是在康熙末年被引入中国的。[1]其起源可追溯到16世纪,荷兰莱顿的安德烈亚斯·卡修斯(Andreas Cassius)用氯化金和锡制成了以他名字命名的玫瑰色。其在陶器上的首次使用约在1680年,以德国纽伦堡的珐琅匠为代表。[2]

两广总督杨琳奏折曾提及"今制成积红杯盘一对,盖碗一对",即是早期广珐琅中施胭脂红釉的盘碗一类。这类红釉多装饰在盘碗外壁,西方学者称其为"ruby back"。[3]虽然"积红"原料技术来自欧洲,但其施彩工艺却具中国特色。细观此类胭脂红釉面,有许多密集细小的颗粒均匀分布,推测是受到景德镇瓷器窑工的启发,以吹釉法将胭脂红料吹至釉面聚积,再经明炉烧成,故称"积红"。

---

① Honey, William B. 1954. *The Ceramic Art of China and other countries of the Far East.* London(Faber and Faber).

② Garner, Harry. 1969. The Origins of Famille Rose. *Transactions of Oriental Ceramic Society.* vol.37 (1967-1969):1-16.

③ Jenyns, R. Soame & Watson, William. 1981. *Chinese Art: Later Bronzes, Cloisonné, Cantonese Enamel, Lacquer, Furniture, Wood.* 2nd edition. Phaidon Press.

杯内底

| 22 |

折枝花卉纹积红四方倭角杯
Cup with Indented Corners and Floral Sprays

18 世纪早期,康熙
高 3.7 厘米 口径 5.4×5.4 厘米 底径 3.1×3.1 厘米
香港中文大学文物馆藏(世德堂惠赠)

此杯即为两广总督奏折提及的"积红杯盘"一类。这种玫瑰红色的珐琅彩料由进口的"金红"混合砷白或铅锡黄制成,[1]广东珐琅匠人也能炼制。

杯内壁以白色珐琅打底,上绘红色折枝牡丹与鸢尾花,杯外底中心为蓝色菊花。该杯设计简约,绘画配色和谐,珐琅彩发色明亮,显示出匠人对颜料、温度的精准掌控。该杯原配有四方倭角托盘,已失。

---

① 王竹平:《从科学分析文献回顾看珐琅彩、洋彩与粉彩的分类与命名》,《故宫学术季刊》2012年第3期,第115~166页。

锦地开光花蝶纹盘
Plate with Flowers and Butterflies in Framed Panels on Brocade Backgrounds

18 世纪上半叶，康熙 / 雍正
高 2.6 厘米 口径 21.2 厘米 底径 12.5 厘米
中国（海南）南海博物馆藏

　　盘内多重锦地并饰花蝶，盘外壁为胭脂红色，即杨琳奏折所称"积红"，是早期广珐琅的一大特点。

　　胭脂红色虽源出欧洲，但如本件的胭脂红背，釉面有许多密集、细小的颗粒，当以受景德镇窑工启发的吹釉法制成，施彩工艺颇具中国特色。

外底

中国风尚

　　欧洲画珐琅技术传入广东之后，很快与中国本土艺术形式进行了融合，形成了一股广珐琅装饰上的中国风尚。这与 18 世纪欧洲形成并流行的"中国风"密切相关。

　　广珐琅上最常见的装饰主题山水、人物、花鸟等，明显取自中国传统绘画艺术。部分图案，如仕女、没骨花的绘法受到清初宫廷画坛的深刻影响。以锦地、冰裂、卷草等为辅助纹饰的装饰手法，既有明末至清初景德镇青花、五彩瓷装饰的影子，也是 17、18 世纪中国广泛流行的装饰纹样。多种开光、山水及岭南风物的描绘还借鉴了广东端州等地款彩屏风的装饰工艺。

【效法名家】

从清张庚《国朝画徵录》中"及武进恽寿平出,凡写生家俱却步矣。近世无论江南江北,莫不家南田而户正叔"[1]的记载可知,当时名家书画传播甚广,对社会影响至深。早期广珐琅的中式题材,大多可从名家绘画中追本溯源。

以恽寿平为首的常州派,以及擅长花卉创作的蒋廷锡、项圣谟、邹一桂等词臣画家,极大发扬了没骨花卉技法,影响了广珐琅上的花鸟装饰。而广珐琅上的人物形象明显受禹之鼎、焦秉贞、冷枚的影响;其山水则主要取法清初四王之一王翚的绘画风格;至于香妃竹花几、栏杆等陈设的细致描绘,既是清初画坛的流行元素,也是对焦秉贞、冷枚等名家绘画的模仿。

广珐琅牡丹纹盖碗
清 康熙
Mr. & Mrs. Alfred Clark 旧藏

广珐琅"辛丑"款花蝶纹杯
清 康熙六十年（1721）
中国国家博物馆藏

恽寿平《百花图卷》局部
清 康熙二十二年（1683）
大都会艺术博物馆藏
（藏品编号 1989.363.149）

恽寿平《山水花鸟图册》（第五开）
清 康熙十四年（1675）
故宫博物院藏
（藏品编号新 00119161-1/10 ）

---

[1] 〔清〕张庚：《国朝画徵录》（五卷本），清乾隆四年刻本，第122页。检索于爱如生中国基本古籍库。

| 24 |

锦地开光花卉昆虫云龙纹盘
Plate with Flowers, Insects in Framed Panels on Brocade Backgrounds and a Cloud Dragon

18 世纪早期，康熙
高 4.9 厘米　口径 33.8 厘米　底径 19.5 厘米
香港中文大学文物馆提供（私人收藏）

该盘是康熙末年广珐琅盘类器物中，装饰与艺术水平最高的一类。尤以锦文与开光花卉的设计最具特色。

盘心以锁子锦为地，连弧开光内所绘寿石、牡丹、桃花和飞蝶，以点染法绘就，细腻传神；盘内、外壁则分别以两种锦地搭配，以优美的弧线分割并间隔若干菱形开光，开光内所绘牡丹、月季、秋海棠、虞美人、菊花等折枝花卉，技艺高超，婀娜多姿。

盘外底的墨龙，张口喷雨，云雾缭绕，威武异常。该形象继承了南宋陈容《墨龙图》的水墨传统，又更近于清初周璕的《云龙图》形象[1]。周璕（1629～1729年），字昆来，号嵩山，河南商丘人，寓居南京，善画人物、花卉及龙、马等，而画龙上承南宋陈容笔法，又有所发挥，烘染云雾尤为一绝。据清张庚《国朝画徵录》载："其画龙烘染云雾，几至百遍，深浅远近，蒸蒸霭霭，殊足悦目。"[2]周璕是陈容之后传世画云龙图最多的画家。广珐琅器物上之云龙纹或即临摹自周璕风格云龙画本。

---

① 此画见于2012年中国嘉德春季拍卖，Lot.1708。上有钤印"周璕之印"、"昆米"，并鉴藏印"孔氏岳雪楼所得书画"，可知为广州晚清著名收藏家孔广陶旧藏。
② 〔清〕张庚：《国朝画徵录》，清乾隆四年刻本，卷下第132页。检索于爱如生中国基本古籍库。

外底

外底

| 25 |

折枝花果纹碟一对
Pair of Saucers with Floral Sprays and Fruits

18 世纪上半叶，康熙
高 2.7 厘米 口径 15 厘米 底径 9 厘米
香港中文大学文物馆提供（水松石山房藏）

　　该对碟为英国克拉克夫妇旧藏，曾于1935至1936年英国伦敦皇家艺术学院举办的中国艺术展览会上展出。

　　盘心所绘折枝花卉，明显取法清初恽南田一派的构图与技法。花卉表现，讲究立体效果、细节呈现，如瓜果的立体晕染及表面斑点的肌理、芙蓉花瓣的条状脉纹、叶子的翻转与阴阳向背、粉红月季花瓣浓淡过渡，灵动传神，极具表现力，堪称康熙广珐琅花卉作品的代表之作。这类装饰直接被早期广彩所承袭。

广彩折枝花卉纹盘
清 康熙
荷兰阿姆斯特丹国立博物馆藏
（藏品编号 AK-NM-12326-001）

花鸟纹花口茶盘
Floral-rim Plate with Flower and Birds

18世纪早期，康熙
高4.3厘米 口径45厘米 底径30.5厘米
广州十三行博物馆藏

外底

该花口大茶盘是专为欧洲18世纪流行的饮茶需求所设计。珐琅设色艳丽，绘画技艺出类超群。洞石间一支芙蓉花斜出，枝头一绶带鸟与莲柄上的翠鸟相望呼应。芙蓉花或粉或赤，艳似菡萏展瓣，展现出别样的风姿与妙趣；而枯败的残荷，不仅绘画技艺令人拍案叫绝，而且透出一股枯槁自然的禅意之美。

值得注意的是，千叶莲于广珐琅上的出现，应与康熙帝的喜好及广匠与宫廷的交流密切相关。康熙帝对原产敖汉旗的千叶莲青眼有加，曾命著名词臣画家蒋廷锡作《敖汉千叶莲》轴，并大为赞赏。康熙御制的珐琅彩中，也有精美的千叶莲纹碗[1]传世，反映出广珐琅与宫廷珐琅之间的深度关联。

该盘外壁的中国传统折枝花卉也技艺高超，外底搭配明显带有西洋风格折枝花卉[2]，可谓中西合璧。

---

① 余佩瑾：《金成旭映：清雍正珐琅彩瓷》，台北：台北故宫博物院，2014年，第26页。
② 廖宝秀：《洋彩上的洋花——洋菊与洋莲》，《故宫文物月刊》2007年12月（297期），第4～23页。

外底

| 27 |

花蝶纹椭圆盘
Plate with Flowers and Butterflies

18 世纪早期，康熙
高 1.5 厘米　口径 11×16.5 厘米　底径 8×12.5 厘米
广州十三行博物馆藏

　　椭圆形盘造型仿自法国利摩日珐琅的设计。口沿处为一圈红地留白缠枝梅花纹，盘心绘寿石牡丹、黄色栀子花、蝴蝶。寿石以没骨法绘就，具康熙朝特色。红、黄二色牡丹艳丽，蝴蝶翅膀似有光泽，花叶有正反不同颜色，图案描绘十分细致。盘外壁是四丛折枝花，中心留蓝彩花卉底款。

蒋廷锡《牡丹十六种》册之九
清
故宫博物院藏（藏品编号新 0010391-9/16）

28

锦地开光花蝶纹盘

Plate with Flowers and Butterflies in Framed Panels on Brocade Backgrounds

18 世纪早期，康熙
高 2.8 厘米 口径 21.3 厘米 底径 12.9 厘米
香港中文大学文物馆提供（水松石山房藏）

早期广珐琅的辅助装饰，多源自同时代日常生活中的时尚元素。如广珐琅上的锦地，即源于当时流行的形色各异的织锦。其锦纹绘法，多直接摹绘织锦实物纹样，写实性强，华美考究、色彩丰富，比例较大，大多可在同时期绘画中找到对应的纹样。而康熙以后广珐琅器上的锦纹，则较早期的简化、比例缩小。

此盘中心为折枝菊花、月季、萱草等花卉，晕染精妙，生机盎然；花卉上方的蝴蝶，细腻传神，为后世所不及。此类作品已发现多件完全相同装饰的情形，反映出外贸需求的扩大和批量定制生产的出现。

外底

068

29

锦地开光花蝶纹盘

Plate with Flowers and Butterflies in Framed Panels on Brocade Backgrounds

18 世纪上半叶，康熙
高 3 厘米 口径 21.5 厘米 底径 13 厘米
广州十三行博物馆藏

  早期广珐琅盘碗等器物外壁，大多以吹釉法装饰胭脂红釉，即广东巡抚杨林奏折中所提"积红杯盘"一类。

  此盘主体纹饰与前件相同，盘心往外依次是蓝色锁子锦纹、粉色四方锦纹和绿色八方锦纹。唯盘外底花款为折枝佛手。

外底

第一单元　臻于巅峰

| 30 |

锦地开光花蝶纹盘
Plate with Flowers and Butterflies in Framed
Panels on Brocade Backgrounds

18 世纪早期，康熙／雍正
高 2.7 厘米 口径 21.3 厘米 底径 12.4 厘米
中国（海南）南海博物馆藏

外底

　　盘心开光内绘花蝶图案，开光外为锦地开光花果纹。外壁
施胭脂红釉，盘底为花果图案。盘心的折枝花蝶及开光内的折
枝花卉，构图及笔法明显有简省的趋势，如花朵的数量、花瓣的
层次减少，蝴蝶细节的刻画表现力也大不如从前，反映出规模
化生产后出现的新变化。

　　外销的画珐琅器物中，除内壁的花朵、人物服饰等多用胭
脂红彩外，器背亦有大面积使用。

外底

| 31 |

花蝶纹葵花形碟
Saucer with Flowers and Butterflies

18 世纪早期，康熙
高 1.2 厘米　口径 11.5 厘米　底径 7 厘米
广州十三行博物馆藏

　　碟作六瓣葵口式。碟内花瓣形开光内绘牡丹、菊花、石竹、兰花、佛手、菱角等各色花果，缀以蝴蝶与螳螂。花卉讲求阴阳向背、正反转侧，花叶、果实等注重细节晕染，呈现自然灵动之态。蝴蝶虽笔法简约，却栩栩如生。一螳螂隐身花卉丛中，仅部分躯干及头部探出，妙趣横生。

　　开光外作锁子纹与四方锦地，见于广东巡抚杨琳定制的广彩开光花卉纹杯、盘之上。外壁绘冰梅纹，底部中心绘花叶图案。碟边缘与圈足处可见鎏金痕迹，这也是早期广珐琅器物的特点之一。

　　此碟为葵花式杯的托盘，杯已失。

花蝶雉鸟湖石图碗
Bowls with Folwers, Butterflies, Pheasants and Rocks

18 世纪上半叶，雍正
高 7.6 厘米　口径 16.4 厘米　底径 6.8 厘米
香港中文大学文物馆藏（世德堂惠赠）

　　碗外壁为宫廷及广州画珐琅常见的雉鸟、湖石及牡丹、梅花、蝴蝶，寓意花开富贵。碗心装饰有月季、雏菊、飞蝶、柿子，足底饰香橼与蝙蝠。口沿、足部饰墨彩描金缠枝叶纹，是雍正朝开始流行的装饰。

　　碗心的折枝花蝶纹，绘工较康熙同类题材简省，艺术表现力明显衰落。

碗心

花鸟昆虫寿石图盘
Plates with Flowers, Birds, Insects and Rocks

18 世纪上半叶，雍正／乾隆
高 3.7 厘米 口径 22 厘米 底径 15.1 厘米
香港中文大学文物馆藏（钟棋伟先生惠赠）

外底

　　一盘心白地上绘寿石、海棠、牡丹，寓意"富贵满堂"，另一盘心绘梅花、喜鹊、月季，寓意"喜上眉梢"。盘外壁为白色珐琅地上彩绘团凤、卷云，盘底绘山茶花和瓜果。

　　宫廷用品多取吉祥寓意，花鸟图案常选取牡丹、梅花、喜鹊、锦鸡等。此盘外底部的山茶花、佛手瓜，则具广东地域特色。

　　清宫传做广珐琅下发的画样并不对纹饰、用色作严格限定，大部分只对器形、尺寸有所要求[①]。雍正以后，花鸟装饰中的寿石、树木花鸟比例明显较前缩小，整体的艺术表现也有所下降。

第一单元　臻于巅峰

---

① 许晓东、周颖菁、何颂文主编：《总相宜：清代广东金属胎画珐琅·图录》，香港：香港中文大学文物馆，2023年，第409页。

花鸟纹盘
Plate with Birds and Flowers

18 世纪上半叶，雍正
高 4.5 厘米 口径 41.5 厘米 足径 24 厘米
香港中文大学文物馆藏（大学购藏）

此盘以白色为地，珐琅设色柔丽淡雅，绘工考究，颇具艺术表现力，是雍正广珐琅中罕见佳作。

盘心一周蓝地白花卷草纹，围成圆形开光，其内一梧桐枝干斜出，红、粉、白三色茶花穿插其间。一对华丽锦鸡栖于梧桐树干。桐树梢头的残破桐叶，叶裂如花，描绘细腻，惟妙惟肖。勺形黄色果实，球形种子着生其边缘，亦极具特色。盘折沿绘牡丹、莲花、菊花、萱草、水仙、洋花等多种缠枝花卉。盘外沿绘折枝牡丹、月季、芙蓉，其间装点有天牛、蚂蚱和蝴蝶。以上装饰明显有康熙遗风，虽也讲求正反转侧，气韵生动，但珐琅色彩较前浅淡，细节刻画总体不如前朝。

| 35 |

锦地开光山水花蝶孔雀纹盘

Armorial Plate with Flowers , Butterflies
and a Peacock in Framed Panels on Brocade
Backgrounds

18 世纪早期，康熙 / 雍正
高 2.6 厘米 口径 23.2 厘米 底径 13 厘米
广州十三行博物馆藏

外底

　　盘心以牡丹、玉兰、海棠、菊花为衬景，绘一孔雀立于青绿寿石之上，寓意"玉堂富贵、长寿吉祥"。牡丹粉、紫两色，玉兰曲折如蔓，海棠半睡低垂，蜻蜓、蝴蝶点缀其间，极富自然之趣。

　　开光外为卷草、四方锦地各一周，折沿上绘八方锦地开光山水图，其四方、八方锦见于广东巡抚杨琳定制的广彩锦地开光花卉纹杯、盘之上。盘沿外壁为各式折枝花卉。底部中心为寿字纹，环以蝙蝠与桃子、桃花，取"福寿双全"之意。

锦地开光山水花蝶孔雀纹盘

Armorial Plate with Flowers , Butterflies
and a Peacock in Framed Panels on Brocade
Backgrounds

| 36 |

锦地开光花蝶纹盘
Plate with Flowers and Butterflies in Framed
Panels on Brocade Backgrounds

18 世纪上半叶，雍正
高 3.3 厘米 口径 22.8 厘米 底径 14.8 厘米
东莞市博物馆藏

　　盘最外缘为黑彩描金卷草纹，为雍正朝开始流行的装饰手法。次为一周紫地八方锦纹夹四个菱形开光，开光内绘蝴蝶、各色瓜果和小花。盘心包袱瓶插牡丹及萱草、菊花、兰花等，还绘有红色蝙蝠两只，更有方胜结、如意、摩羯配饰等图案。盘外壁为白地折枝花果，及吉祥杂宝。

　　该盘珐琅釉面光滑细腻，色彩稳定艳丽，装饰也比较精美，但就艺术性而言，与康熙朝同类装饰已不能同日而语了。

外底

云龙锦地开光花蝶纹盘
Plate with Cloud Dragons, Flowers and
Butterflies in Framed Panels on Brocade
Backgrounds

18 世纪上半叶，乾隆
高 3.2 厘米 口径 15.8 厘米 底径 10 厘米
东莞市博物馆藏

外底

　　盘沿以四方锦为地，四个开光内绘螭龙纹。十六个如意云头空出盘心，上有折枝牡丹、萱草、海棠、虞美人飞蝶和蝙蝠等纹饰。

　　此盘外壁为一周蓝地云龙纹及莲瓣纹，盘底绘寿字、寿桃、红蝠，寓意福寿双全。

　　盘心所绘花蝶纹，是康熙朝开创的一种装饰题材范式，此后虽不断模仿，但艺术性已趋衰落之势。此盘的黄地开光、蝙蝠则是雍正、乾隆以后出现的新变化。

第一单元　臻于巅峰

锦地开光花果纹课子图盘
Plate with Educating Children in Framed Panels on Brocade Backgrounds

18 世纪上半叶，康熙
高 5 厘米 口径 42 厘米 底径 25.5 厘米
广州十三行博物馆藏

盘折沿以棕色四方锦为地，设三开光，其内分饰寿桃与月季、佛手与芙蓉、香橼与牡丹三组花果。盘外壁为广东巡抚杨琳奏折中所提的"积红"，外底绘折枝月季与香橼。

盘之中央，绘一年轻母亲坐于方榻，侧倚"靠墩"，一手拈月季花，一手搭在书函之上，不经意间将读书这一"课子"主题烘托出来。[①]女子相貌秀美、妆容典雅，衣饰华丽。肌肤以淡粉晕染，身着康熙年间流行的褐色花边上衣，配以淡绿色八角纹织锦及淡黄色螭纹丝绸裙装，发饰及黑色云肩描金，贵气十足。两童子戴项锁及云背，着团螭纹衣裤，分别捧一盆莲花、一只莲蓬，献给母亲，有"连生贵子"之意。主人右侧，立一湘妃竹圆几，上置铜狮、花瓶，瓶中插祥瑞灵芝及拂尘。两侧高低各一只蓝色大缸，其上铺首、云纹、蕉叶刻画生动、细腻。

盘中所绘莲花、灵芝、牡丹、芙蓉、童子衣衫、女子手拈月季等大量使用玫瑰红色，似在有意凸显康熙朝引进的西洋珐琅工艺中，最具标识性的以黄金为着色剂的玫瑰红。

该课子图盘的装饰，明显有康熙朝禹之鼎、焦秉贞等宫廷名家仕女、童子画的影响。不仅色彩凝厚、呈色极佳，而且绘画技艺高超，擅长细节刻画。如家具杂器中，蓝地粉花的镂空"靠墩"、精美夔龙"券口"及竹编软屉的榻、逼真惟肖的湘妃竹几、掺有金粉的黑色描金的莲花盆；人物描绘上，仕女肌肤的淡粉晕染、飘逸灵动细腻写实的织锦衣饰、难得一见的童子身后的背云，可谓精妙至极，堪称是康熙末年广珐琅人物的代表作。

该盘标志着康熙朝创立的一种全新的"课子图"范式，成为此后广珐琅与广彩长期流行并追摩的装饰母题。但康熙朝"课子图"在艺术上所达到的高度，后世始终无法超越。

外底

① 刘咏聪：《明代课子图史料略论》，《明代研究》第31期，2018年，第117～154页。

第一单元 臻于巅峰

081

锦地开光花果纹课子图盘
Plate with Educating Children in Framed Panels on Brocade Backgrounds

18 世纪上半叶，康熙
高 3.7 厘米 口径 33.6 厘米 底径 20.8 厘米
香港中文大学文物馆提供（贺祈思藏）

外底

　　与前件主体纹饰构图相似, 本品亦为胭脂红背(ruby back), 唯人物眉毛、衣物暗纹、陈设细节等处稍有不同, 尺寸各异。

　　这类"课子图"题材的器物有一定数量传世, 标志着广珐琅从单一个性化产品到批量定制的开始, 也反映了中欧贸易的兴盛和需求扩大, 带来的对广珐琅生产和装饰的影响。

 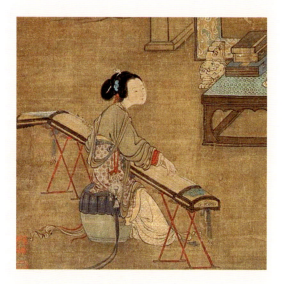

《雍亲王题书堂深居图屏·博古幽思轴》(局部)　　　禹之鼎《牟司马相图》(局部)
清　康熙　　　　　　　　　　　　　　　　　　　　清　康熙
故宫博物院藏（藏品编号故 00006458-1/12）　　　中国美术馆藏

胭脂红地开光粉彩仕女课子图盘　　　　　　　广彩课子图瓷盘
清　雍正　　　　　　　　　　　　　　　　　清　康熙
广东省博物馆藏　　　　　　　　　　　　　　大英博物馆藏（藏品编号 PDF. 861）

绚彩华丽

浑融中西

／

清代广东金属胎画珐琅

| 40 |

锦地开光高士图碟

Saucer with people on Brocade Backgrounds

18 世纪早期, 康熙
高 1.4 厘米 口径 11.8 厘米 底径 6.5 厘米
沈阳故宫博物院藏

外底

　　碟外沿、底足均鎏金。绿色锦地上有四处开光, 内绘折枝花果。碟内绘江边古树下候渡的拄杖高士、负笈少年, 用笔传神。

　　碟背白色珐琅地上绘折枝花卉, 底为三豆荚, 充满生机。

庭院妇孺图长方茶盘
Rectangular Tray with Ladies and Children in a Garden

18 世纪上半叶，雍正
高 5.5 厘米　口径 55.5×81.5 厘米　底径 40×67 厘米
广州十三行博物馆藏

　　茶盘外缘以八方锦纹为地，四个开光内绘折枝月季、菊花、虞美人、芙蓉等。主画面有三组人物，小舟上有仕女在撑船、采莲，二童子抓着小螃蟹不亦乐乎，意寓"连生一甲"；岸边有仕女倚石休憩、抓鱼进鱼缸、挥扇观望；最喜卷帘下一童子，抬脚翘首以盼。

　　盘背为冰裂纹，四个开光内绘折枝月季、菊花。盘底亦饰折枝花果。

外底

【山水】

以山水图景作为广珐琅的装饰可早至康熙晚期，其总体艺术水平，达到了清代广珐琅的高峰。部分山水图饰，诗、画、印皆备，笔墨细润，风格清幽灵动，颇得王翚山水气韵；有的山水，构图、皴染取法弘仁的意匠。更有在典型中式山水间，点缀教堂和西洋人物，别有一番风情。

有的山水装饰，其构图、皴染，与康熙年间的广东端州等地款彩屏风所见山水，有异曲同工之妙。雍正、乾隆时期的广珐琅虽也流行山水装饰，但渐呈衰落之势。

锦地开光西洋人物山水图盆外底（局部）
清
水松石山房藏

王翚《翠嶂瑶林图》（局部）
清
上海博物馆藏

"辛丑"款黄地开光山水图提梁壶
清 康熙六十年（1721）
苏富比拍品（香港 2015.6. Lot. 670）

王翚《放翁诗意图》册（第七开）（局部）
清
广东省博物馆藏

山水图盘
Plate with Landscapes

18 世纪上半叶，雍正 / 乾隆
高 2.3 厘米 口径 15.9 厘米 足径 11 厘米
沈阳故宫博物院藏

　　盘沿为一周孔雀羽翎，盘心绘溪山行旅图景。远山巍峨，小溪从山脚下缓缓流出，沿岸分布着不同的山居村屋、宝塔、石桥、水榭、草庐，山石凌厉，苍松翠柳。有旅人骑驴赶路、仆从担着行李，有路边闲谈者、有钓翁停驻河边蓬船者，静中有动，似有画外音。

　　盘外壁为浅黄色地缠枝花卉，底有绘海棠花枝。

外底

第一单元　臻于巅峰

山川楼阁图挂屏
Hanging Panel with Landscapes

18 世纪上半叶，雍正／乾隆
纵 29.8 厘米 横 72.6 厘米
东莞市博物馆藏

屏心为画珐琅工艺绘制而成的江帆楼阁图。画面右侧的亭台楼阁依托山体而建，冰裂纹的积石墙基、岭南风格的建筑屋顶，掩映在云霭、山林之中。左侧江面三艘小船正在归航，水岸的旅人或在观景，或在盼归。

山水人物图挂屏
Hanging Panel with Landscapes

18 世纪世纪上半叶，雍正／乾隆
通长 27.4 厘米　厚 2.4 厘米
中国（海南）南海博物馆藏

　　挂屏的轮廓设计成石榴形状，颇具匠心。内绘青绿山水。有
船只停泊渡口，亦有货船在岸，有旅人出船上岸，有人岸旁劳
作。深浅不同的绿色、黄色和蓝色明丽自然，水岸两侧的山石、
楼阁布景错落有致。

　　青绿山水是广珐琅擅长的装饰题材，但此时的青绿山水虽
然绘工精细，但总体艺术水平已呈现衰落之势。

铜胎画珐琅山水图瓶
清　康熙
大都会艺术博物馆藏
（藏品编号 24.80.319）

【与宫廷的互动】

　　从清宫档案可知，不仅广州工匠多次被地方大员举荐至紫禁城参与画珐琅制作，广州炼制的珐琅彩料也被带入宫中。广匠的装饰艺术也有机会融入宫廷画珐琅的制作。

　　清宫旧藏的早期画珐琅，多由宫廷画师设计，讲究对称，装饰风格端庄大气。但亦有部分画珐琅器呈现出灵动洒脱的气质。对照早期广珐琅作品，可知其为广匠带入宫廷的新风尚。同时，原本是皇家专属的黄地珐琅，也通过广匠传播到了广州。

左：广珐琅牡丹纹盖碗，清 康熙，Mr. & Mrs. Alfred Clark 旧藏
右："康熙御制"款玉堂富贵瓶，清 康熙，台北故宫博物院藏
　　（藏品编号故珐 384）

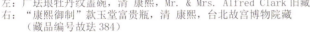

左："康熙御制"款花果纹盖盒，清 康熙，台北故宫博物院藏（藏品编号故珐 000342）
中：项圣谟《花卉十开》之石榴图，清，辽宁省博物馆藏
右：广珐琅西洋人物积红折沿盘，清 康熙，Peter H.B. Frelinghuysen 旧藏

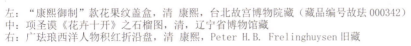

左："康熙御制"款瓷胎画珐琅花卉纹碗，清 康熙，台北故宫博物院藏（藏品编号故瓷 17889）
右：广珐琅锦地开光花卉纹杯，清 康熙，广东省博物馆藏

仙人骑狮图梅瓶
Vase with Immortal Image Decoration

18 世纪上半叶，康熙
高 21.8 厘米　口径 3.7 厘米　最大径 13.1 厘米　底径 7.9 厘米
故宫博物院藏

　　此瓶珐琅釉料浓厚，表面凹凸不平，画面中参天松柏、骑狮仙人飘逸洒脱，以此表现"天赐福寿"。[①] 此瓶是我国早期铜胎画珐琅制品，对探讨中国画珐琅起源具重要价值。

　　这类画珐琅应从广东烧蓝工艺衍生而来，装饰更具传统特色。釉料以黄、蓝二色为主，而非广珐琅或宫廷珐琅习见的胭脂红，以传统的平涂法绘制，未见西洋技法，表现力有限。当更具表现力的广珐琅兴起的时候，它很快就湮没在历史的尘埃中了。

银烧蓝山水人物图执壶
18 世纪早期
俄罗斯艾尔米塔什博物馆藏

画珐琅寿星图瓶
18 世纪　康熙
哈利勒·瑞兹等编著《18 世纪的中国画珐琅》收录

另一面图

---

①　李久芳主编：《故宫博物院藏文物珍品全集之金属胎珐琅器》，香港：商务印书馆，2002年，第180页。

另一面图

| 46 |

花卉昆虫纹水丞
Water Container with Corn Poppies and Insects

18 世纪早期，康熙
高 5.6 厘米 宽 5.9 厘米 口径 4.2 厘米 底径 3 厘米
香港中文大学文物馆藏（世德堂惠赠）

　　水丞表面以白色珐琅打底，上绘虞美人、飞蝶、月季、天牛等形象。月季花、虞美人的花叶比例尺度大，是早期广珐琅构图上的一大特点。花卉的技艺高超，虞美人花朵的竖条状机理、月季花叶子的锯齿状边沿，都刻画的细致入微。折枝花、蝴蝶的用笔、晕染、呈色，与中国国家博物馆藏广珐琅康熙"辛丑"款花蝶纹杯的特征颇为一致。

　　水丞是研墨时的盛水工具，与本品相似的鼓形水丞也见于康熙朝宫廷用器[1]。铜胎画珐琅材质的水丞多见于清康熙、雍正、乾隆时期，有的还附有小铜勺。

铜胎画珐琅蓝地荷花水丞
清 康熙
台北故宫博物院藏
（藏品编号故珐 000241）

---

① 施静菲：《日月光华：清宫画珐琅》，台北：台北故宫博物院出版社，2012年，第39页、图14A。

外底

| 47 |

开光山水图三足炉
Tripod Censer with Landscapes in Framed Panels

18 世纪早期，康熙
高 4.7 厘米　口径 7.5 厘米　足间距 5.3 厘米
故宫博物院藏

　　该炉以缠枝花卉为地，设四椭圆开光。其内为康熙宫廷珐琅非常少见的山水装饰。四幅山水风格各异，或小桥流水、或山居草堂，构图、皴染具清初四王之一王翚山水气韵。

　　较宫廷而言，广珐琅的山水题材更丰富，技法也更多元，宫廷画珐琅的这类山水装饰或是由广匠带来的新风尚。

| 48 |

花卉纹盏托
Saucer with Flowers

18 世纪早期，康熙
高 0.7 厘米　口径 15 厘米　底径 12.2 厘米
故宫博物院藏

　　盏托中心绘开口石榴，中心凸起的四周寺开光内书"洪福天降"。盘内里的四个海棠形开光，内绘折枝牡丹、荷花、梅花、芙蓉，绘法与广珐琅风格一致，是广匠将广珐琅元素带入宫廷珐琅装饰的重要物证。折沿的装饰具西洋风格。

　　盏托外底遍施松石绿色珐琅彩，有"康熙御制"款。

底款

开光花卉纹提梁壶
Kettle with Flowers in Framed Panels

18 世纪早期, 康熙
通高 18.7 厘米 壶高 11.8 厘米 口径 4.3 厘米 底径 7.6×7 厘米
沈阳故宫博物院藏

　　方形倭角壶腹, 壶底有四足。四壁开光绘折枝花卉, 有牡丹、山茶、梅花、荷花、蜜蜂、蝴蝶等。壶颈、流口饰白地黑色卷草纹。

另一面开光

黄地九寿杯盘
Covered Cup and Saucer with Characters for Longevity on a Yellow Background

18 世纪上半叶，雍正
通高 7.5 厘米　口径 17 厘米
天津博物馆藏

　　此套杯盘以黄色珐琅为地，上绘折枝花纹。盘心为一周如意云头和寿字，杯盖及杯身也有一周圆形红地蓝彩的寿字。盘外底署"雍正年制"款。宫廷画珐琅器常以黄色为主，图案华丽，器内施湖蓝色底釉，彰显皇家风范。

　　从雍正朝《活计档》可知，雍正皇帝对画珐琅工艺兴趣浓厚，除紫禁城内的珐琅作外，圆明园也有烧制珐琅的场所。[①]

杯底款

盘外底

[①] 中国第一历史档案馆、香港中文大学文物馆编：《清宫内务府造办处档案总汇》，北京：人民出版社，第3册，2005年，第420页。

锦地开光花蝶纹盘

Plate with Flowers and Butterflies in Framed
Panels on Brocade Backgrounds

18 世纪上半叶，雍正
高 3.9 厘米 口径 26.2 厘米 底径 19.1 厘米
香港中文大学文物馆藏（世德堂惠赠）

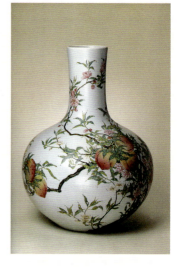

雍正款八桃天球瓶
清 雍正
故宫博物院藏（藏品编号新 00046104）

　　盘内壁以黄地绘缠枝西番莲及五只胭脂红蝙蝠，意寓"洪福齐天"。盘心锦地菱花形开光内绘折枝花果，包括牡丹、桃实、玉兰、月季、芙蓉、海棠、灵芝、兰花、蝴蝶等。花卉敷彩浓淡搭配，以粉色点彩桃实表现明暗，与雍正年间的蟠桃纹天球瓶上的桃实接近。盘外壁以黄地彩绘石榴、佛手、香橼、葫芦、桃实及缠枝花卉底部为蓝色团螭龙纹。

　　除赏赐外，清宫黄色服御诸物当属帝王与皇太子专用，而雍正年间有奏折称广州太平门外长寿庵有黄地珐琅器制作，部分鼻烟壶、翎管甚至私下卖至北京。[1] 由此亦可见宫廷器用风格对广珐琅制作的影响。

外底

① 许晓东：《康熙、雍正时期宫廷与地方画珐琅技术的互动》，柏林马普学会科学史所编《宫廷与地方：十七至十八世纪的技术交流》，北京：紫禁城出版社，2010年，第318～319页。

| 52 |

锦地开光花蝶蝙蝠纹盘
Plate with Flowers, Butterflies, and Bats in
Framed Panels on Brocade Backgrounds

18 世纪上半叶，雍正 / 乾隆
高 3.7 厘米 口径 21.5 厘米 底径 14.7 厘米
香港中文大学文物馆藏（世德堂惠赠）

　　盘心绘折枝花卉，如梨花、玉兰、牡丹、芙蓉、月季等，配以
蝴蝶与蝙蝠。其外依次是锦纹地间红、蓝二色牡丹，以及明黄地
彩绘牡丹、莲花。

　　外壁饰折枝花，盘底以五蝠环绕团凤，替代常见的五福捧
寿。五福寓意寿、富、康宁、好德、考终命。黄地蓝彩五蝠纹常见
于清宫铜胎珐琅器中，故此器体现了广珐琅对宫廷珐琅的模仿
和改制。

外底

庭院人物图菱花形盆
Foliate-rim Basin with Ladies Playing Music

18 世纪上半叶，雍正
高 7.2 厘米 口径 42.3 厘米 底径 21.1 厘米
故宫博物院藏

外底中心

该盆菱花形，工艺考究，装饰丰富。折沿以八方锦为地饰六如意形开光，间以双螭龙捧寿图案。其中三较大开光内绘狮纹，三略小开光内饰各类吉祥杂宝。内壁为多种花卉组成的缠枝花卉纹。

盆内底以锁子锦为地设多曲开光，其内以中式亭台为背景绘伎乐图，场景有廊柱、洞石、双桐、围栏、长案等。三乐女正分别弹奏三弦、吹笛、演奏云锣，另有三女子或舞蹈、或专注赏乐、或执扇而立。有三童子游戏其间，一少年头戴太子盔。

盆外底绘双龙戏珠，具皇室风范，结合折沿的双螭龙捧寿的设计，推测该盘应是专为皇室祝寿而定制。该盆的八方锦、锁子锦、内壁缠枝花卉、人物特点，均有康熙珐琅的遗风，应是雍正广珐琅中少见的人物题材精品。

浑融中西 绚彩华丽 ／ 清代广东金属胎画珐琅

【广彩与纽伦堡模式】

　　康熙开海后,面向欧洲的陶瓷贸易激增。为降低运输损耗,方便欧洲外商定制,粤商借鉴广珐琅工艺,按照西方人的生活需求及审美习惯,在景德镇批量定制白釉素器运抵广州,另雇工匠加以彩绘,于珠江南岸之河南等地开炉烘染,制成彩瓷,大量行销欧美等地,有河南彩及广彩之称,又有广州织金彩瓷称谓。

　　德国南部纽伦堡(Nürnberger)的画珐琅技术在17世纪末已相当纯熟,开创了最早的陶瓷制品的异地加彩模式,以纽伦堡的画珐琅匠人Wolf Rössler、Johann Schaper为代表。其画珐琅的素胎,多来自荷兰代尔夫特、德国法兰克福等地的素白锡釉陶。康熙末年受广珐琅影响而新创的广彩瓷器,无论是彩料特点,还是利用景德镇素胎在广州异地加彩的模式,显然是引入纽伦堡模式的结果。

锡釉陶珐琅彩山水图执壶
壶身产于法兰克福,约 1690 ~ 1700 年
Wolf Rössler 于纽伦堡彩绘
英国维多利亚与艾尔伯特博物馆藏
（藏品编号 245-1923）

锡釉陶珐琅彩山水图执壶
壶身产于代尔夫特,约 1663 年
Johann Schaper 于纽伦堡彩绘
英国维多利亚与艾尔伯特博物馆藏
（藏品编号 9-1867）

　　大英博物馆藏几例"又辛丑年制"款瓷器与早期广珐琅关系密切，是目前可知最早的广彩瓷器。该馆另藏一套杯、盘，分别摹绘印章式款识"幽斋"与"玉峰杨琳"，是曾三次给康熙帝上奏折推荐珐琅匠人的广东总督杨琳定制的早期广彩瓷器。以此为参照，有一批康熙末年的广彩瓷器可分离出来。

　　早期广彩的技术、彩料、装饰，完全从成熟的广珐琅借鉴而来。不仅彩料鲜艳凝厚，工艺考究，而且由于珐琅名家的参与，艺术成就极高，达到了广彩发展史上的巅峰。

左：广彩"岭南绘者"花篮纹盘，清 康熙，大英博物馆藏（藏品编号 Franks.689）
右：广彩折枝花卉纹盘，清 康熙，荷兰阿姆斯特丹国立博物馆藏（藏品编号 AK-NM-12326_001）

广彩"又辛丑年制"款花果纹积红杯及花蝶纹积红盘及底部
清 康熙六十年（1721）
大英博物馆藏
（藏品编号 Franks.44）

"博弈图"珐琅彩瓷瓶
清 雍正二年（1724）
荷兰阿姆斯特丹国立博物馆藏
（藏品编号 AK-NM-63）

广彩锦地开光折枝花卉纹纹章瓷盘
Kwon-glazed Plate with the Badge Pattern

18 世纪上半叶，雍正
高 4.7 厘米 口径 38.8 厘米 底径 22.5 厘米
广州博物馆藏

　　此盘口沿为墨彩锦地开光描金折枝花纹，内壁依然承袭铜胎画珐琅上常见的胭脂红色、四方锦地、折枝花卉的设计。

　　据研究，此盘为荷兰东印度公司职员丹尼尔·图纳曼于雍正十年（1732）随船来广州时所定制。徽章处写有荷兰语"Tuineman"，意为"围栏内的人"，与纹章图案一语双关。[1]

① Howard, Angela. " From East to West: The Trade in Chinese Armorial Porcelain for the British Market"，载广州博物馆编著：《广州定制——广州博物馆藏清代中国外销纹章瓷》，北京：文物出版社，2017年，第21页。

广彩描金孔雀开屏纹章瓷盘

Kwon-glazed Plate with the Badge Pattern and
Design of Peacock

雍正八年（1730）
高 5.2 厘米 口径 39.1 厘米 底径 21.8 厘米
广州博物馆藏

　　盘内以金彩锁子锦纹为地，五个如意形开光内绘折枝花鸟；盘心开光内为孔雀开屏，其中一个开光内有纹章图案。以红彩、蓝彩或金彩绘制的锁子锦纹主要集中在康熙末至雍正前期，且多用于珐琅工艺上。大面积金彩的使用，始于雍正，是广彩又被称为"织金彩瓷"的缘由。该盘所绘花卉的胭脂红凝厚鲜艳，具雍正朝广彩特色。

　　从盘内纹章可知，此盘为英国劳森（Lawson）家族于1730年左右定制。[1] 不过，类似装饰的瓷盘上也见绘有其他家族的纹章。

浑融中西　绚彩华丽 | 清代广东金属胎画珐琅

---

① 广州博物馆编著：《广州定制——广州博物馆藏清代中国外销纹章瓷》，北京：文物出版社，2017年，第170页。

| 56 |

广彩锦地开光折枝花卉纹章瓷盘
Kwon-glazed Plate with the Badge Pattern in
Famille Rose

18 世纪上半叶，雍正
高 2.2 厘米 口径 23 厘米 底径 12.5 厘米
广州博物馆藏

　　该盘的胭脂红装饰，盘内壁及折沿描绘的绿色四方锦纹、
红色八方锦纹，[①] 开光内的折枝花朵，其装饰手法及彩料色调雅
致，明显是受铜胎画珐琅工艺影响。

第一单元　臻于巅峰

---

① 邓玉梅：《辨纹章　赏奢瓷：中国清代外销纹章瓷解读与赏析》，载广州
博物馆编著：《广州定制——广州博物馆藏清代中国外销纹章瓷》，北京：
文物出版社，2017年，第36页。

广彩锦地开光课子图盘
Kwon-glazed Plate with the Design of Figures

18 世纪上半叶，雍正
高 2.7 厘米 口径 22.9 厘米 底径 12.9 厘米
广州博物馆藏

　　此盘外沿以粉色八方锦纹为地，四个开光内绘折枝牡丹、月季、菊花和红梅。盘内壁是黄色四方锦和缠枝花卉。

　　盘心圆形开光内绘课子图。梧桐树下、莲花池旁，一童子钓出鲤鱼送给坐绣墩上的妇人，旁边幼童抬头伸手欲取，后侧的女子持纨扇观看，画面安静有趣。课子图加锦地的装饰方式在康熙、雍正时期的铜胎、瓷胎画珐琅器上都有使用。该盘的八方、四方锦地纹明显有康熙朝遗风，大量胭脂红的使用也具有早期广彩特色。

| 58 |

广彩开光花卉纹瓷盘
Kwon-glazed Plate with Floral Patterns in *Famille Rose*

18 世纪上半叶，雍正
高 3.5 厘米 口径 20 厘米 底径 12.5 厘米
广州博物馆藏

　　此盘内以浓艳的胭脂红色为地。环形分布三个书卷形开光，书卷两端饰四方锦地纹。开光内绘菊花、蓝菊、萱草，其中一开光内绘桃花白头翁，颇有"何事幽禽也白头，多情想是为春愁"之意境。

　　盘心的圆形开光内绘折枝牡丹、香橼。此盘的施彩用色及装饰题材都与早期的铜胎画珐琅器物相似。

粤海呈贡

康熙、雍正至乾隆早期，宫廷所需铜胎画珐琅，主要为内廷珐琅作（或珐琅处）承办。期间虽有广珐琅进贡，但数量有限。乾隆十三年（1748）之后，宫廷所需铜胎画珐琅的"成做"发生了变革。此后的粤海关，不仅继续负责采办优质画珐琅原料及举荐广匠"好手"给宫廷，而且经常受命"成做"内务府造办处发样的画珐琅制品，成为常态之活计。而这也使得乾隆朝成为粤海关"成做"进贡画珐琅的全盛时期，嘉庆、道光以后，趋向没落。

粤海关进贡的广珐琅有"赏用""特传"之分。为迎合宫廷趣味，"成做"广珐琅的器型、纹饰、釉色都有新的变化，可谓千色竞秀、包罗万有。"成做"的广珐琅，除受命仿制宫廷传统式样外，西洋风格的作品成为显著特色。新创的透明珐琅器也成为粤海关的进贡特产。

It was the Imperial Household Department's Office of Ateliers(zaobanchu) who produced the majority of painted enamelware for the court during the Kangxi and Yongzheng eras, and the early Qianlong period. There were also tributes of Canton enamels to the court, but in limited quantities. After the year 1748, Guangdong region played an important role in the manufacture of painted imperial enamelware. Since then, the Guangdong Maritime Customs was not only responsible for sourcing quality enameling materials and local talents to the court, but also for the execution of enamel production commissioned by the court on a regular basis. This, in turn, made the Qianlong reign, the heyday of tribute enamels made by the Guangdong Customs, which lasted until the late 18th century and tended to decline after the Jiaqing and Daoguang periods.

The Canton enamels tributed by the Guangdong Customs were classified as being for "reward use" or for "special commission." In order to meet the court's preferences, there were new variations in the shape, decoration, and glaze of the Canton enamels, which can be described as 'a thousand splendid colors' and 'all-embracing.' In addition to those that were commissioned to imitate the traditional court style, Western-style works became a distinctive feature of Canton Enamel. The successful creation of basse-taille enamels also became a speciality of the Guangdong Customs.

奉旨成做

乾隆时期，铜胎画珐琅的制作中心从清宫转移至广东，造办处档案中可见发样至粤海关要求"成做"珐琅器的记录。乾隆十三年（1748）粤海关呈进的西洋表套得到肯定，此后清宫开始不定期传做圆明园、避暑山庄等处的各种日常陈设、餐饮用具及赏赐之物。乾嘉时期，广珐琅产品广泛用于宫廷生活之中。

【玲珑珍赏】

　　从康熙时期开始，清代皇帝就喜爱收集各式文玩，如玉把玩、印章等。集贮有多样文玩的匣柜被称为"百什件"。随着欧洲传教士、商旅等在华活动的开展，鼻烟、鼻烟盒也被作为珍贵礼物进献清廷，并迅速获得皇帝和王室喜爱，成为赏玩之物。画珐琅材质的鼻烟壶或香盒，常与其他文房小件一起被收纳于百什件、琳琅匣中。

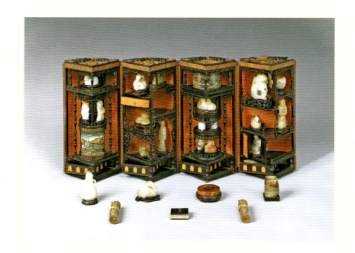

竹丝缠枝花卉纹多宝格圆盒附珍玩二十七件
清
台北故宫博物院藏（藏品编号故杂 001284）

玻璃胎画珐琅鼻烟壶与盛装的漆盒
清 乾隆
台北故宫博物院藏
（藏品编号故瓷 014047）

| 01 |

寿庆图盒
Box with a Picture of Immortals Blessing Longevity

18 世纪下半叶，乾隆
通高 2.5 厘米 长 4.7 厘米 宽 4.2 厘米
香港中文大学文物馆提供（承训堂藏）

　　盒底绘桃与蝙蝠，带"乾隆年制"底款。盒盖绘寿庆图，内里饰折枝牡丹等花卉图案。此盒造型小巧，倭角的的器型、盒外壁黄色珐琅地上彩绘的牡丹、牵牛花、卷草等都是中式传统设计。

外底

盖内图

浑融中西
绚彩华丽
／
清代广东金属胎画珐琅

侧面图

| 02 |

开光花鸟纹鼻烟壶
Snuff Bottle with Bird and Flowers in Framed Panels

18 世纪下半叶，乾隆
高 6.1 厘米 宽 4.3 厘米 厚 2 厘米
香港中文大学文物馆提供（乾坤堂藏）

　　乾隆时期画珐琅鼻烟壶流行开光内绘中式山水、花鸟、人物或西式人物、风景等主题。

　　鼻烟, snuff, 初引入中国时译为"士拿乎""西蜡"。将发酵的烟叶细末加香调制，服用有通嚏轻扬之效，[1] 在当时为稀少且珍贵之物，流通于王公贵族间。西方常以盒盛装鼻烟的粉末，清宫则以此类小口、广腹、带盖的鼻烟壶为容器。

---

① 侯怡利：《通嚏轻扬：鼻烟壶文化特展》，台北：台北故宫博物院出版社，2012年。

海棠形烟碟
Quatrefoil-shaped Snuff Saucer with Poppies

18 世纪下半叶，乾隆
高 0.6 厘米 长 4.7 厘米 宽 4.1 厘米 底径 2.6×1.9 厘米
香港中文大学文物馆藏（世德堂惠赠）

　　白色珐琅为地，碟内绘虞美人数枝，外壁饰四朵缠枝五瓣花。海棠形是清宫器物的流行款式，多用于笔掭等文房清玩，且与其他小物件一起存放于木匣中。《活计档》中记载的类似器还有菊花笔掭、荷叶笔掭等。[①]

　　有观点认为此类为烟碟，搭配鼻烟壶使用。

底款

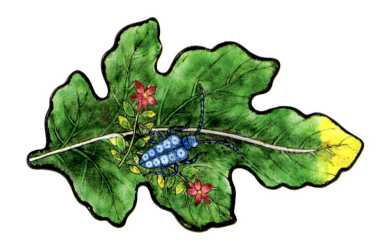

04

秋叶形天牛纹烟碟
Leaf-shaped Snuff Saucer with Flowers and a Logicorn

18 世纪中期，乾隆
高 0.2 厘米 长 7.9 厘米 宽 5 厘米
香港中文大学文物馆藏（世德堂惠赠）

　　秋叶呈葡萄叶形，叶尖施渐变黄色珐琅彩，似秋叶变黄。中线留白作叶梗，两侧以墨绿色珐琅绘有叶脉。上绘有红色小花、蓝色白点的天牛。

　　乾隆朝的这类作品，承袭自雍正朝瓷胎画珐琅将整个器物表面视为画布的整体设计，但在色彩表现上更为华丽、构图空白明显减少，并出现了仿生形的器物造型。

底款

"乾隆年制"款铜胎画珐琅荷叶形烟碟
清 乾隆
故宫博物院藏（藏品编号故 116619）

① 中国第一历史档案馆、香港中文大学文物馆编：《清宫内务府造办处档案总汇》，北京：人民出版社，2005年，第10册，第41～43页。

第二单元　粤海呈贡

115

| 05 |

花果蝴蝶纹盒
Container with Flowers, Fruits and Butterflies

18世纪下半叶，乾隆
通高 8.5 厘米　口径 13.8 厘米
天津博物馆藏

　　此器以浅黄色为地，绘花果蝴蝶，间以深色点状装饰填补，
增加纹饰层次。故宫博物院、沈阳故宫博物院均藏有与本品一
致的画珐琅器，其用途为香盒或唾盂。[1]

铜胎画珐琅花卉瓜瓞纹带盖唾盂
清 乾隆
故宫博物院藏（藏品编号故 001128296）

---

① 故宫博物院藏有与本品一样的铜胎画珐琅花卉瓜瓞纹带盖唾盂（藏品编
　号：故0018296-9）。

花果昆虫纹水丞
Water Container with Flowers, Fruits and Insects

乾隆五十一年（1786）
通高 5.8 厘米 宽 7.7 厘米 底径 5.2 厘米
香港中文大学文物馆藏（世德堂惠赠）

底款

　　水丞配有小匙。器表绘缠枝卷叶纹，夹以花蝶、果实、藤蔓等，口沿绘有回字纹。其中蝴蝶、香橼、葫芦的敷色技法，大卷叶及列点式叶脉颇具特色。

　　器底有楷书"乾隆丙午年制"三行双栏方章款。署带具体年份的帝王款画珐琅器并不常见。1978年牛津大学阿什莫林博物馆"中国画珐琅展"上有一件与此相似，但无配匙。[1]

第二单元　粤海呈贡

---

① Michael Gillingham 1978. *Chinese Painted Enamels: An Exhibition Held in the Department of Eastern Art*. Oxford: Ashmolean Museum. p.67.

开光西番莲纹梅花式碟
Five-lobed Saucer with Lotus Designs in Framed Panels

18 世纪晚期，乾隆
高 1.9 厘米 口径 12 厘米 底径 8.3 厘米
香港中文大学文物馆藏（世德堂惠赠）

梅花形器在康熙朝时已出现。乾隆二年（1737）、五年（1740）清宫造办处珐琅作亦有制作梅花式盒记录。[①]

碟整体呈五瓣梅花形，碟心饰团花纹，每瓣花片上装饰有卷叶勾连的开光，内饰西番莲和果实。外壁亦装饰有缠枝西番莲纹，此类纷繁饱满的装饰风格或受洛可可艺术的影响。

"康熙御制"款铜胎画珐琅梅花式盒
清 康熙
台北故宫博物院藏（藏品编号故珐 339）

底款

浑融中西 绚彩华丽 ／ 清代广东金属胎画珐琅

① 如乾隆五十二年二月二十一日珐琅作仿静明园咏素殿康熙款梅花盒制乾隆款西洋珐琅梅花式香盒一件。见中国第一历史档案馆、香港中文大学文物馆合编：《清宫内务府造办处档案总汇》，北京：人民出版社，2005年，第50册，第219页。

| 08 |

缠枝西番莲纹盖罐一对
Pair of Covered Jar with Interlocking Sparys and
Lotus Designs

18 世纪晚期，乾隆
通高 5.8 厘米　宽 3.9 厘米　口径 2.2 厘米　底径 2.4 厘米
香港中文大学文物馆藏（世德堂惠赠）

　　器底带"乾隆年制"款。黄地缠枝花卉图案在乾隆时期颇为
流行，明黄色珐琅地是皇家画珐琅的标志色。此罐小巧精致，推
测或与笔掭等文房雅器一起收纳于百什件中赏玩。

底款

碟外底

| 09 |

缠枝西番莲纹杯碟
Covered Cup and Saucer with Interlocking Sprays and Lotus Designs

18 世纪中期，乾隆
通高：9.5 厘米
盖：高 3.4 厘米　口径 11.1 厘米
杯：高 6.3 厘米　口径 11.7 厘米　底径 5.6 厘米
碟：高 2.4 厘米　口径 15.1 厘米　底径 9 厘米
香港中文大学文物馆提供（承训堂藏）

　　本品胎体厚重，珐琅色泽饱满。明黄色珐琅地上彩绘缠枝西番莲纹，花头姿态变化，色彩浓淡有别。碟口沿、外底圈足部位还装饰有蓝色、红色卷草纹，并以蓝色珐琅彩绘制龙纹底款，颇具宫廷用品气派。

浑融中西　绚彩华丽 ／ 清代广东金属胎画珐琅

| 10 |

蝙蝠西番莲纹碗
Bowl with Bats and Interlocking Sprays and Lotus Designs

18 世纪末至 19 世纪初，乾隆／嘉庆
高 7.5 厘米　口径 17.6 厘米　底径 9 厘米
香港中文大学文物馆藏（世德堂惠赠）

　　碗外壁以明黄珐琅为地，上绘红、蓝、绿三色西番莲纹和蝙蝠纹。碗内壁满施松石绿釉，这是宫廷画珐琅的常用内壁色。

葫芦花卉纹盖碗
Covered Bowl with Gourds and Flowers Design

19 世纪上半叶
盖：高 4.6 厘米 口径 15.1 厘米 底径 5 厘米
碗：高 8.2 厘米 口径 15.1 厘米
香港中文大学文物馆藏

　　盖与碗身以黄色珐琅为地，红、蓝两色的花卉、葫芦以卷曲的藤蔓连接，间饰深色小点。口沿有上下两圈矛尖纹，器足饰同一主题纹饰，但以粉色珐琅为地。盖、碗内壁均施以粉色珐琅彩。

铜胎画珐琅葫芦纹高足碗
清
故宫博物院藏（藏品编号故 00236669）

第二单元　粤海呈贡

折枝花卉纹壁瓶
Hanging Vase with Flowers Decoration

18 世纪，乾隆
高 24.5 厘米 口径 6 厘米 底径 3.1 厘米
故宫博物院藏

　　瓶身以玫瑰红色为地，上绘折枝桃花，设色典雅。

　　壁瓶如纵剖开的半器，清宫档案中也称之为轿瓶，其背部有孔可穿系固定于墙面或轿子内。乾隆皇帝十分喜爱壁瓶装饰，故宫养心殿三希堂中就挂有十一件不同颜色、造型的壁瓶。[①]

养心殿三希堂
图片来源于故宫博物院官方微博

浑融中西 绚彩华丽

清代广东金属胎画珐琅

---

① 刘炜：《壁瓶——乾隆皇帝的宠物》，《紫禁城》1993年第2期，第23~24页。

| 13 |

开光花鸟图壁瓶
Hanging Vase with Flowers and Birds in Framed Panels

18 世纪晚期，乾隆
高 21.7 厘米 宽 9.8 厘米 厚 3.9 厘米
香港中文大学文物馆提供（怀海堂藏）

此瓶以黄地缠枝花纹为饰，壁瓶腹部开光内绘梅花双雀。瓶颈的飘带及开光下部的贝壳形图案具欧洲装饰风格。

此瓶背有长方孔供挂于墙壁或柱突钩上，因此也称挂瓶。

| 14 |

开光福禄寿纹壁瓶
Hanging Vase with Image of Good Fortune and Longevity in Framed Panels

18 世纪晚期，乾隆
高 22.5 厘米 宽 8.6 厘米
深圳市南山博物馆藏

瓶口、颈部及瓶底均饰回纹一圈，以红色珐琅为地饰缠枝莲纹；双耳作兽首形，颈部饰焦叶纹。腹部白色开光内绘蝙蝠、鹿、灵芝、山石与松树等福禄寿主题寓意装饰。整体中式风格明显，或属乾隆制器。

123

铜胎画珐琅开光人物手炉
清 乾隆
台北故宫博物院藏（藏品编号故珐 000233）

《雍亲王题书堂深居图屏·裘装对镜》（局部）
清 康熙
故宫博物院藏（藏品编号故 00006458-1/12）

开光庭院妇孺图手炉
Hand Warmer with with Ladies and Children in a Framed Panel

十八世纪下半叶，乾隆
高 14.5 厘米 长 16.5 厘米 宽 13 厘米 底径 12×8.5 厘米
香港中文大学文物馆提供（私人收藏）

　　器身以明黄色珐琅为地，装饰莲花、蝙蝠等中式传统吉祥图案；叶蔓的卷曲及开光边饰颇具西洋风情。开光内绘课子图，活动场景有西式尖顶建筑，也有中式庭院，女士与孩童的发型、服饰领口为西式设计。中西浑融的意趣在本品中颇为明显。

　　器底为白地朱书"大清乾隆年制"方框篆书款。

浑融中西 绚彩华丽 ╱ 清代广东金属胎画珐琅

碧筒杯
Pair of Cpus in From of a Lotus Flower

18 世纪晚期至 19 世纪早期，乾隆／嘉庆
高 5.2 厘米 长 13.5 厘米 宽 8.3 厘米
香港中文大学文物馆提供（怀海堂藏）

杯形似莲花，有花茎与杯底相通。造型仿碧筒杯，但改荷叶为粉色牡丹，独具匠心。

碧筒杯被文人雅士尊为雅致酒具。唐代段成式《酉阳杂俎》卷七"酒食"曾叙："取大莲叶置砚格上，盛酒三升，以簪刺叶，令与柄通，屈茎上轮菌如象鼻，传嗡（吸）之，为碧筒杯。"[1] 苏东坡《泛舟城南》诗便有名句："碧筒时作象鼻弯，白酒微带荷心苦"。

外底

第二单元　粤海呈贡

---

① 〔唐〕段成式撰，方南生点校：《酉阳杂俎》第7卷，北京：中华书局，1981年，第67页。

125

| 17 |

锦地开光鸳鸯图盘
Plate with Mandarin Ducks in Framed Panels on Brocade Backgrounds

18 世纪上半叶，雍正
高 3 厘米　口径 20 厘米　底径 12.5 厘米
广州十三行博物馆藏

　　盘内里以紫色、浅蓝色锦纹为地，花边形开光内绘池塘鸳鸯图。盘外壁为胭脂红背，底绘福寿图案。

　　池塘小景源自花鸟画中的一类，后逐渐应用于缂丝、刺绣、瓷器和金银器等工艺中。《石渠宝笈续编》中曾著录有——《荷塘鸂鶒图页》[①]，对幅的乾隆皇帝御题诗有"鸳鸯无碍称其紫"诗句，可见鸳鸯图案在清宫也颇受欢迎。因象征夫妻恩爱，鸳鸯图案在中国传统装饰中被广泛运用，且常与莲花、荷叶、芙蓉花等组合出现。

外底

---

① 故宫博物院藏，藏品编号新00147430-4/21。

开光荷塘鸳鸯图菱花式盆
Foliate-rim Basin with Flowers and Mandarin Ducks in a Pond in Framed Panels

18 世纪中期，乾隆
高 9.3 厘米 口径 42.5 厘米 底径 32.6 厘米
香港中文大学文物馆藏（无名氏惠赠）

　　此盆作菱花瓣式口，外壁绘有蓝彩螭龙纹，浅绿色冰裂纹折沿，底有三足。

　　盆内底彩绘寿石、芙蓉花和两只对望的鸳鸯。口沿黄地缠枝莲纹点缀四朵蓝菊，并四个开光，开光内绘折枝牡丹、月季、桃实、佛手等花果。

底款

八宝花卉纹盆

Basin with Eight Buddhist Emblems and Flowers

18 世纪中期，乾隆
高 9.5 厘米　口径 41 厘米
天津博物馆藏

底款

　　乾隆中后期，粤海关大量"成做"供御金属胎画珐琅器。进贡给宫廷的画珐琅器有的带明显广东特色。

　　如本件盆，口沿有八组由藏传佛教八宝组成的吉祥图案，即轮螺伞盖、花罐鱼长。盆内底以白色珐琅为地，上绘折枝牡丹、菊花、梅花、桃实和和岭南佳果之一的佛手。此外，此盆在内底与外壁均饰有蝙蝠图像，寓意"福在眼前"。盆外底施白色珐琅釉，中心署"大清乾隆年制"蓝字篆书款。

浑融中西　绚彩华丽 ＼ 清代广东金属胎画珐琅

花卉八宝纹冠架
Hat Stand with Flowers and Eight Buddhist Emblems

19世纪上半叶，道光
高 34.5 厘米　直径 11.2 厘米
香港中文大学文物馆藏（钟棋伟先生惠赠）

器身上下有四曲透空开光，上沿绘粉蓝二色云头纹，下沿饰蕉叶纹。器身圆筒状，黄色珐琅地上彩绘缠枝莲花、牡丹、桃实、石榴、佛手等，局部还有八宝图案。整体纹饰风格较晚。

冠架是清代贵族家庭比较流行的日常用具，其材质和造型有多种。旅顺博物馆藏清孙温(1819-1891)绘全本《红楼梦》二百三十幅中的其中一幅即画有与本品造型高度一致的冠架。[1]清宫旧藏亦有"大清嘉庆年制"款粉彩黄地云龙纹瓷冠架。[2]

《全本红楼梦》第十六册（七）
清　孙温　绘
旅顺博物馆藏

第二单元　粤海呈贡

① 旅顺博物馆编、含澹译：《清·孙温绘全本红楼梦》，北京：作家出版社，2007年，第十六册七。
② 叶佩兰主编：《故宫博物院藏文物珍品全集之珐琅彩·粉彩》，香港：商务印书馆，2008年，第193页。

花果蝙蝠纹葫芦瓶
Gourd-shaped Vase with Flowers, Fruits and Bats Decoration

18 世纪中期，乾隆
高 25.7 厘米　下腹直径 15.5 厘米
天津博物馆藏

　　整器呈葫芦形造型，取"福禄"之意。以黄色珐琅为地，各式花果满布器身，圈足饰回纹及莲瓣纹一圈。乾隆时期流行这类繁复、热闹的花卉果实装饰，此件具典型宫廷画珐琅风格。

浑融中西　绚彩华丽

清代广东金属胎画珐琅

开光庭院人物图瓶
Pair of Vases with Pictures of Family Life in Framed Panels

19 世纪中叶，道光
高 39.8 ～ 40.3 厘米 口径 15.9 厘米 底径 13.8 厘米
香港中文大学文物馆藏（钟棋伟先生惠赠）

　　此瓶以黄色珐琅为地，颈部与腹部各有开光，内绘庭院人物。此类庭院人物图与同时期流行于广州织金彩瓷上的人物相似；一般只呈现日常生活或戏曲场景，并无特别的故事情节。瓶肩部的兽首口部中空，原先或有衔环。

【攒盘、攒盒】

攒盘多被视为食用器。《饮流斋说瓷》中曾记载："果盒亦谓之馔盒,乃合数个盘格星罗碁布于中,略似七巧之版而置种种食品于其内也"[①]。记录皇家行宫用膳情况的膳底档曾载,乾隆四十四年(1779)九月初十早膳有"清蒸鸭子烧狍肉糊猪肉攒盘一品"[②],意为鸭肉、狍子肉、猪肉用攒盘盛装。

中国的早期攒盘以漆器居多,但也有金属、瓷质的,组合后用以盛放点心、菜食等。欧洲18、19世纪也出现了银质的攒盘,多用于放香料和干果。

五彩花蝶纹攒盘
清 康熙
故宫博物院藏(藏品编号故 00148238)

红漆描金福寿纹桃式攒盒
清
故宫博物院藏
(藏品编号故 00113491-619)

八宝花卉纹八瓣九子攒盘
清
故宫博物院藏
(藏品编号故 00117846)

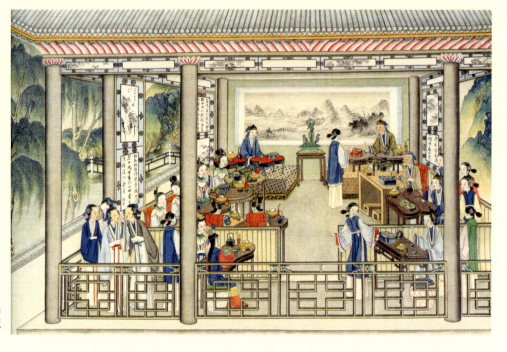

《全本红楼梦》第十册(八)
清 孙温 绘
旅顺博物馆藏

众人一径来到这里。凤姐早已带着人摆设整齐。上面是贾母和薛姨妈。东边是刘姥姥、王夫人,西边依次是湘云、宝钗、黛玉、迎春、探春、惜春,宝玉在末。贾母提议行令助兴,便由鸳鸯执令,欢笑中众人依次行令畅饮。

——《红楼梦》第四十回相关剧情

---

① 〔民国〕许之衡:《饮流斋说瓷》,上海神州国光社铅印美术丛书本,1936年,第276页。

② 李国梁:《避暑山庄御膳杂谈》,《故宫博物院院刊》1988年第1期,第83~85页。

花蝶湖石纹攒盘
Sweetmeat Set with Flower, Butterly and Rock Designs

18 世纪下半叶，乾隆
高 2 厘米 直径 21.5 厘米
香港中文大学文物馆提供（怀海堂藏）

　　四个小盘可组合拼成一个圆形大盘。每件小盘底下都有两足，盘底绘兰花，盘心绘有牡丹、石竹和寿山石图案，均有粉色勾边；口沿处装饰有黑彩描金的卷草纹，外壁口沿饰冰裂纹。

　　石竹花属于较少见的装饰花朵，通常作为其他大型花卉的点缀。明清时期的写生花卉也曾以石竹花为主题。①

① 故宫博物院编：《万紫千红：中国古代花木题材文物特展》下册，北京：紫禁城出版社，2019年，第332页。

折枝花八宝纹攒盘

Sweetmeat Set with Floral Sprays and Eight
Buddhist Emblems

18 世纪晚期，乾隆
高 2.2 厘米 通长 32.6 厘米 通宽 32.2 厘米
香港中文大学文物馆提供（怀海堂藏）

　　攒盘于宝蓝色珐琅地上饰西番莲及各式花卉，并点缀有寿字、蝙蝠纹和部分八宝纹，如螺、轮、双鱼、伞、盘长等。

　　八宝为金轮、法螺、宝伞、胜利幢、宝瓶、莲花、金鱼和吉祥结，主要指藏传佛教中作为吉祥象征的法宝，最早在元代就已用作器物纹饰，乾隆时期开始烧制单独成型的八宝器。[1]

----

① （英）罗伯特·比尔著、向红笳译：《藏传佛教象征符号与器物图解》，北京：中国藏学出版社，2007年。

花蝶纹攒盒
Sweetmeat Set with Flower and Butterfly Designs

19 世纪下半叶，咸丰 / 同治
通宽 31 厘米
中心圆盘：高 1.5 厘米 口径 13.8 厘米 底径 12.2 厘米
香港中文大学文物馆藏（梦蝶轩惠赠）

　　攒盒内由九个小盘组合成一个八边形。每个小盘内壁均以翠绿色珐琅彩为地，上绘花卉、果实、蝴蝶；盘沿为浅粉色珐琅地彩绘黑色缠枝卷草。此盘配有描金漆盒。

　　类似攒盘连盒是19世纪以降比较多见的器型，适合年节摆放小食品。

第二单元　粤海呈贡

瓜瓞延绵纹莲瓣形攒盒
Sweetmeat Set with Melons and Flowers Design

18 世纪下半叶，乾隆
通高 15 厘米 口径 34.2 厘米 底径 24 厘米
深圳市南山博物馆藏

　　攒盒内共九个小盘，以福寿主题为装饰，每个盘蓝色珐琅为地，中心绘篆书团寿字，饰一圈红蓝描金的蝙蝠图案，盘壁饰短矛尖纹。外盒以花、蝶、磬、瓜果为主要图案，整体呈现福寿吉祥的寓意。

开光山水西洋人物图花果纹鼎式炉
Ding-type Censer with Landscapes and
Westerners in Framed Panels

18 世纪晚期，乾隆
通高 41.4 厘米 长 26 厘米 宽 18.5 厘米
香港中文大学文物馆提供（承训堂藏）

铜胎画珐琅开光山水西洋人物图三事
清
台北故宫博物院藏（藏品编号故珐 000628）

　　炉腹部开光内装饰有山水西洋人物、牡丹香橼图。口沿下、足部装饰有洛可可式大卷草纹。本品应是炉瓶盒三事或五供之一。

　　乾隆时期仿古器制作盛行，主要仿商周时期青铜器及前代玉器。乾隆帝曾斥责粤海关所做活计太过俗气，要求"仿古式雕做花纹，往朴致里做"，[1] 也反映出帝王品味对地方供御之物风格的影响。

底款

① 乾隆十一年四月十九日粤海关，详中国第一历史档案馆、香港中文大学文物馆合编：《清宫内务府造办处档案总汇》，北京：人民出版社，2005年，第14册，第438页。

第二单元　粤海呈贡

缠枝花果纹觚一对

Pair of *Gu* Vase with Interlocking Flowers and Fruits

19 世纪上半叶，道光
高 35.1 ～ 35.3 厘米 口径 13.9 ～ 14 厘米 底径 14.5 ～ 15.1 厘米
香港中文大学文物馆藏（钟棋伟先生惠赠）

黄地彩绘缠枝牡丹纹铜胎画珐琅五供
清 雍正
孔子博物馆藏②

　　觚身造型仿自青铜器，器身改为圆腹。宝蓝色缠枝花果纹
外还饰有蕉叶纹。

　　觚在清代多为陈设用器，尤其于祭祀场合，将二觚与一香
炉、二烛台组合成五供使用。铜胎画珐琅五供较早的可追溯至
雍正时期制作、赏赐于曲阜孔庙的"雍正年制"款铜胎画珐琅
五供。①

---

① 陈芳妹：《雍正帝赠送曲阜孔庙的祭器——画珐琅五供与铜簠簋》，《故
　宫学术季刊》2020年第1期，第73～142页。
② 孔子博物馆供图。

花果昆虫八宝纹象耳尊
Elephant-handled *Zun* Vase with Flowers, Fruits, Insects and Eight Buddhist Emblems

18世纪末至19世纪上半叶，乾隆／嘉庆
高 37.5 厘米 宽 22.4 厘米 厚 18.4 厘米
口径 13.5×9.3 厘米 底径 14×10 厘米
香港中文大学文物馆提供（怀海堂藏）

　　宝蓝色珐琅地上密集绘制有牡丹、石竹、桃实、石榴、飞蝶、蝙蝠等多种图案。本品仿青铜器造型，耳作象形，作陈设或祭供器。如前述曲阜孔庙已获赠雍正年间的大型铜胎画珐琅祭供器，乾隆二十一年(1756)后，粤海关承做的铜胎画珐琅也以瓶、罐、花盆、佛堂供器为多，其中不少仿三代青铜器造型。

乾隆款洋彩缠枝莲纹象耳瓶
清 乾隆
故宫博物院藏（藏品编号故 00154851）

第二单元　粤海呈贡

第二单元 · 第二节

年节例传

　　宫廷礼节、时令民俗等在清代十分繁盛，每逢年节，宫中都会传做、地方也会进贡应景物件。例传之物，多不限材质，惟装饰题材寓意相同，"图必有意，意必吉祥"，因时应事烧制的御供广珐琅也发展出多样面貌。

　　据《清宫瓷器档案全集》记载，御供之物需按时令花样烧造。如皇帝的万寿节用万寿无疆、年节用三阳开泰、上元节用五谷丰登、端阳节用艾叶灵符、七夕节用鹊桥仙渡、中秋节用丹桂飘香、重阳节用重阳菊花以及赏花时节用万花献瑞等。

艾叶五毒纹菱花式盒
Foliate-rim Box with Artemisia and Five Venoms as Emblems of the Dragon Boat Festival

18世纪晚期，乾隆
通高 2.5 厘米　直径 8 厘米
香港中文大学文物馆藏（世德堂惠赠）

铜胎画珐琅花草五毒盒
清 乾隆
台北故宫博物院藏（藏品编号故珐 000996）

　　此盒以红色珐琅打底，盒盖上绘蜈蚣、蛇、蟾蜍、蝎子、蜘蛛等五毒形象游弋于水田[1]中。盒外壁还装饰有成组的莲花、艾草、桃实、菱角、藕节等图案。

　　造办处档案记载，乾隆四年(1739)五月传做五毒吊挂，其中"铜胎珐琅的做一二对"。翌年五月初二日，造办处做得包括金属胎画珐琅五毒圆盒在内的珐琅器物若干。[2]此后经年，端午五毒吊挂制作相袭成例。如此件铜胎画珐琅五毒盒也为端午节定制。

底款

第二单元　粤海呈贡

---

① 菱形格纹构成的图案又称"水田纹"，源自水田衣。台北故宫博物院收藏有一件明代艾虎五毒水田纹织锦。
② 中国第一历史档案馆、香港中文大学文物馆编：《清宫内务府造办处档案总汇》，北京：人民出版社，第8册，第799页；第9册，第519～520页。

万花献瑞图盒
Box with the Millefleurs Design

18 世纪中期，乾隆
通高 3.5 厘米 口径 5.8 厘米 底径 3.2 厘米
香港中文大学文物馆提供（怀海堂藏）

　　盒外表满绘牡丹、月季、水仙、牵牛、石竹、菊花等多种花卉，盒外底有蓝色珐琅楷书"乾隆年制"款。

　　万花献瑞是宫廷寻常赏花所用花样。图案源自欧洲的百花图，康熙年间宫廷珐琅作已有模仿。乾隆初年称"百花献瑞"，且多见于传做的盘、碗、盒等物件中。

金胎画珐琅百花图怀表
1645 ～ 1650 年
大都会艺术博物馆藏
（藏品编号 17.190.1583）

底款

| 32 |

福寿图意桃式杯碟
Peach-shaped Cup and Saucer with Bats and *Lingzhi*

18 世纪晚期至 19 世纪早期，乾隆
通高 3.2 厘米
杯：高 2.6 厘米 长 6 厘米 宽 5 厘米
盘：高 1.7 厘米 长 12.4 厘米 宽 10.8 厘米
香港中文大学文物馆提供（怀海堂藏）

　　杯、碟均作桃形，桃枝设计成手柄，绿色桃叶作支撑，果绿色渐变成尖端的红色，如刚成熟的桃果，极为肖形。碟内再绘灵芝、蝙蝠等纹饰，寓意"福寿双全"。碟底原有三足，惜已失，露出铜质胎体。

　　双桃式画珐琅更早的实物有一件雍正年制的水丞，现藏于故宫博物院。[①]除颜色渲染外，果实的立体效果更为逼真。

"雍正年制"款画珐琅桃式洗
清 雍正
故宫博物院藏
（藏品编号故 00116782）

---

① 李久芳主编：《故宫博物院藏文物珍品全集之金属胎珐琅器》，香港：商务印书馆，2002年，第203页。

"万寿无疆" 折枝花纹盘一对
Pair of Plates with Floral Sprays and Characters for Longevity

18 世纪中，乾隆
高 3 厘米 口径 13.6 厘米 底径 8.6 厘米
香港中文大学文物馆提供（怀海堂藏）

此盘当为皇帝万寿节定制, 盘底中心有蓝色篆书"大清乾隆年制"方章款。清宫造办处档案记载有, 雍正三年(1725)五月初六日清茶房交有银胎镀金珐琅"万寿无疆"盅子二十个。[1]此后, 乾隆朝至光绪朝均有"万寿无疆"款器物宫廷自用或赏赐。

万寿节最早源于唐玄宗开元十七年(729)八月五日宴请百官于花萼楼，始称千秋节，[2]后代有所变化。明代开始称万寿节，取"万寿无疆"之意。

底款

---

① 中国第一历史档案馆、香港中文大学文物馆编：《清宫内务府造办处档案总汇》，北京：人民出版社，2005年，第1册，第122、669页。
② 唐李隆基《千秋节宴》一诗中有"兰殿千秋节，称名万寿觞"诗句。

| 34 |

双耳寿字杯一对

Pair of Two-handled Cups with *Shou* Characters
for Longevity

19 世纪上半叶，嘉庆 / 道光
高 4.8 厘米 宽 8.7 厘米 口径 6.6 厘米 底径 2.8 厘米
香港中文大学文物馆藏（世德堂惠赠）

　　杯外壁以松绿色珐琅彩为地，缠枝花卉间有蓝色珐琅彩的
"寿"字。杯耳部鎏金，造型仿古青铜器的夔龙形状，玉杯盘中
也有此种造型，但在画珐琅器中比较少见。

白玉龙耳杯
清
故宫博物院藏（藏品编号故 00099274）

145

"福寿康宁"八吉祥纹如意

Sceptre with Auspicious Characters and Buddhist Symbols

18世纪晚期,乾隆
高5.7厘米 长39.1厘米 宽11.6厘米
香港中文大学文物馆提供(承训堂藏)

如意长柄表面有篆书"福""寿""康""宁"四字,间以莲花、宝瓶、幢及法轮。如意云头上以螺、鱼、伞等环绕团寿纹,柄身还饰有桃实、佛手、蝙蝠等,背面有楷书"乾隆年制"款。

如意是万寿节进献的常见寿礼。乾隆二十六年(1761)十一月皇太后七十大寿所备寿礼中即有不同材质的如意各九件。[①]本品亦当为万寿节而特制。

局部

浑融中西　绚彩华丽
清代广东金属胎画珐琅

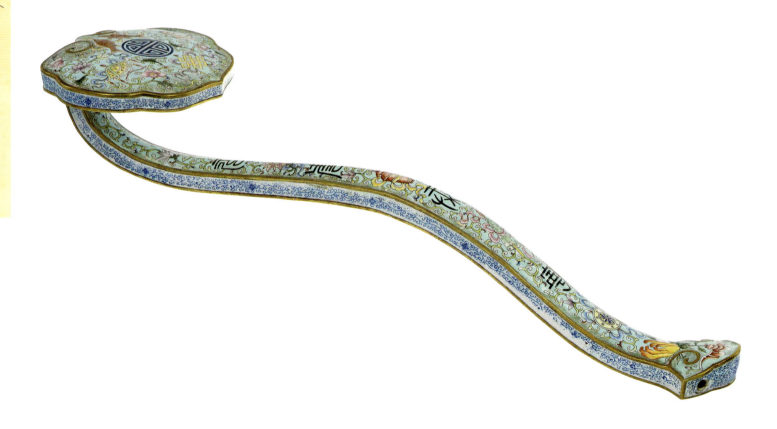

---

① 〔清〕鄂尔泰、张廷玉等编纂:《国朝宫史》第18卷《经费二.恭进》,北京:北京古籍出版社,1987年,第419、425页。

"麻姑献寿"图海棠形盒
Box with Images of *Magu* Presenting Longevity

18世纪下半叶，乾隆
通高 8.7 厘米　长 18.1 厘米　宽 15.63 厘米
深圳市南山博物馆藏

　　此盒以黄地夔龙纹为饰，盒盖中心绘麻姑献寿图，盖内里绘鱼藻图。相传麻姑原是民间女子，死后成仙，因用灵芝草酿成仙酒为西王母贺寿，而被封为"女寿仙"。[①]为妇女祝寿时常绘"麻姑献寿"题材的图画相赠以示祝福。

底款

第二单元　粤海呈贡

①　刘晓艳：《道教麻姑信仰与中华寿文化》，《武汉理工大学学报（社会科学版）》2013年第3期，第395～400页。

外底

| 37 |

龙纹盘
Plate with a Dragon Design

18 世纪下半叶，乾隆
高 2.8 厘米　口径 12.1 厘米
天津博物馆藏

　　黄色珐琅地，盘心与外壁彩绘三只五爪龙，辅以海云纹装饰。盘外底饰以云气汇成的双凤衔灵草的团凤图样。盘内地绘宝珠与火焰缠绕，整体装饰吉祥图案呈现出皇家气势。

龙纹盘
Plate with a Dragon Design

18 世纪晚期至 19 世纪早期，乾隆 / 嘉庆
高 2 厘米 口径 15.1 厘米 底径 9.4 径厘米
香港中文大学文物馆藏（钟棋伟先生惠赠）

底款

　　此盘于白色珐琅地上彩绘五爪龙一只，盘沿图案则是以四朵西番莲串联八仙的法器，即"暗八仙"。盘外壁亦为西番莲纹。外底的篆书"赏心"白文方章款，是广珐琅常见署款之一。

第二单元　粤海呈贡

玉堂富贵云龙纹碗
Bowl with Flowers and Cloud Dragons

18 世纪中期，乾隆
高 7.5 厘米 口径 18.5 厘米 底径 8 厘米
香港中文大学文物馆藏（大学购藏）

底款

　　碗外壁于黄色珐琅地上饰粉红、蓝、绿三色云龙, 碗内饰牡丹、
玉兰及蓝菊的经典组合。碗底装饰有黄地团凤纹。

　　据清宫档案记载, 乾隆二十六年 (1761), 为皇太后七十大寿进
贡的寿礼中便包含有五彩云龙碗。[1]如本品造型独特的云龙纹碗,
有可能是广东进贡之作。

碗心

浑融中西　绚彩华丽　＼　清代广东金属胎画珐琅

---

① 〔清〕鄂尔泰、张廷玉等编撰：《国朝宫史》第18卷《经费二·恭进》，
北京：北京古籍出版社，1987 年，第423页。

底款

| 40 |

蝙蝠纹碗一对
Pair of Bowls with Bats Decoration

18 世纪下半叶，道光
高 5.7 厘米　口径 11.5 厘米　底径 5.2 厘米
香港中文大学文物馆藏（世德堂惠赠）

碗外壁满饰翻飞的红色蝙蝠，署"大清道光年制"底款。

蝙蝠是康熙、雍正时期流行的装饰纹样之一，单独的蝙蝠纹或与祥云、桃实、灵芝等组合使用，寓意福、寿。红与洪、蝠与福谐音，寓意洪福齐天，此种纹饰在嘉庆、道光及之后颇为流行。

第二单元　粤海呈贡

| 41 |

开光花卉纹容镜
Mirror with Floral Designs in Framed Panels

18 世纪晚期至 19 世纪初，乾隆／嘉庆
厚 1.2 厘米　直径 17 厘米
香港中文大学文物馆提供（承训堂藏）

镜背以宝蓝色珐琅为地，缠枝花卉纹间三个开光，开光内白色珐琅地上绘牡丹、菊花、水仙。

清宫造办处档案里有乾隆年间传旨用圆形、方形、葫芦形等珐琅片配做容镜①的记载，推测或有类似本件者。

---

① 中国第一历史档案馆、香港中文大学文物馆编：《清宫内务府造办处档案总汇》，北京：人民出版社，2005年，第7册，第706、711页；第8册，第791、792页；第11册，第374页；第9册，第129、130、135页。

开光鹿纹手炉
Hand Warmer with Deers' Image

18 世纪下半叶，乾隆
通高 20 厘米 宽 18 厘米
天津博物馆藏

　　此手炉以粉色缠枝花卉纹为地，口沿绘一周如意云头，炉外壁开光内绘有松鹿、水仙等图案。

　　清代的手炉多是金属胎，有内外两层，炉盖镂空。冬日用以取暖，这在陈枚所绘《月曼清游图》中亦有出现。与此同时，手炉也可作为临时香具使用。将香饼放入装有正燃烧的细炭的手炉内，清孙温绘《全本红楼梦》中也有相应情节描绘。[①]

全本《红楼梦》第二册（十）
清 孙温 绘
旅顺博物馆藏

---

① 旅顺博物馆编、含澹译：《清·孙温绘全本红楼梦》，北京：作家出版社，2007年，第二册十。

| 43 |

开光"三羊开泰"纹手炉
Hand Warmer with Auspicious Images

18 世纪下半叶，乾隆
通高 20.6 厘米 口径 14.5 厘米
深圳市南山博物馆藏

　　手炉外壁于深蓝色缠枝牡丹纹地上设有四个开光，绘三羊开泰图样。三羊开泰即三阳开泰，源于《易经》，指冬去春来，吉祥之征。明杨士奇谓："帝德承天景运新，三阳开泰布和春。"[1]饰有三阳开泰图像的广珐琅器，当为祝颂新年而做。

　　台北故宫博物院所藏《三阳开泰图》上有乾隆皇帝御制的《开泰说》，其中，绘于乙巳年（1785）的一幅，乾隆皇帝在拖尾还注明："羊者，阳也。古人因字寓意，多为此图，以寓开泰之意"，自勉"终日乾乾夕惕"。[2]

铜胎画珐琅三羊开泰纹手炉
清 乾隆
故宫博物院藏（藏品编号故 00118970）

---

① 〔明〕杨士奇：《东里集》，明嘉靖二十九年刻本。检索于典海中国基本古籍库。
② 奇洁：《是谁绘事出寻常——以北京画院藏〈三阳开泰图〉为中心》，《中国国家博物馆馆刊》2017年第9期，第122～136页。

复刻仿制

　　乾隆皇帝有意识地将清宫画珐琅集中收藏，并对其进行系统化的整理、定名、配匣，存放于乾清宫配殿中。乾隆四十年（1775）至五十年（1785）间屡见特传粤海关复刻和仿制原藏于紫禁城、避暑山庄的康雍朝金属胎画珐琅器。广东的仿做器除了署乾隆年款外，有时会为配对、仿制署康熙或雍正款识，其中也有部分作为礼仪供器使用。

"康熙御制"款铜胎画珐琅海棠式盒
清 康熙
故宫博物院藏（藏品编号新 00018916）

"乾隆年制"款铜胎画珐琅海棠式盒
清 乾隆
故宫博物院藏（藏品编号故 00116530）

"康熙御制"款铜胎画珐琅团花纹盒
清 康熙
台北故宫博物院藏（藏品编号故珐 000341）

"乾隆年制"款铜胎画珐琅团花纹盒
清 乾隆
台北故宫博物院藏（藏品编号故珐 000312）

"康熙御制"款铜胎画珐琅皮球花纹提梁壶
清 康熙
台北故宫博物院藏（藏品编号故珐 000552）

"乾隆年制"款铜胎画珐琅皮球花纹提梁壶
清 乾隆
故宫博物院藏（藏品编号故 00116519）

开光飞蝶花卉纹包袱式盖罐
Jar with Butterflies and Floral Patterns in Framed Panels and Wrapped in a False Sash

约 1775～1786 年，乾隆
通高 13.2 厘米　宽 8.5 厘米　口径 3.8 厘米　底径 5.7 厘米
香港中文大学文物馆提供（承训堂藏）

　　罐身主体为黄地缠枝花卉纹，肩部描绘出系有织锦布料的图案。罐底部有"乾隆年制"红字双圈款。

　　包袱寓意抱福，包袱纹于雍正年间开始流行，雍正五年（1727）七月十二日造办处珐琅作曾做得珐琅包袱式鼻烟壶五件。[①]乾隆朝瓷器也有使用，嘉庆及之后广珐琅上仍可见到此类装饰。

"雍正年制"款铜胎画珐琅包袱式盖罐
清　雍正
台北故宫博物院藏（藏品编号故珐 000221）

底款

---

① 中国第一历史档案馆、香港中文大学文物馆编：《清宫内务府造办处档案总汇》，北京：人民出版社，2005 年，第 2 册，第 732 页。

| 45 |

团花纹盒
Box with Floral Roundels

约 1775 ~ 1786 年，乾隆
通高 3.2 厘米 口径 6.4 厘米 底径 3.5 厘米
香港中文大学文物馆提供（怀海堂藏）

　　此类白色珐琅地上的近圆形花卉组合，又称皮球花，大小、颜色、形状、图案组合并不追求相同或对称。最早出现在画珐琅器物上的皮球花纹可见于清宫旧藏"康熙御制"款铜胎画珐琅团花纹盒。

| 46 |

团花纹盖碗
Covered Bowl with Floral Roundels

约 1775 ~ 1786 年，乾隆
通高 8.1 厘米
盖：高 3.4 厘米 口径 10.2 厘米 足径 3.5 厘米
碗：高 5.8 厘米 口径 11 厘米 足径 4.8 厘米
香港中文大学文物馆藏（世德堂惠赠）

团花纹四曲盘
Four-lobed Plate with Floral Roundels

约 1775 ～ 1786 年，乾隆
高 1 厘米 长 16 厘米 宽 13.5 厘米
香港中文大学文物馆提供（怀海堂藏）

据清宫档案记载，乾隆四十七年(1782)传旨粤海关进献的广珐琅器有给样品仿制的要求，"照此珐琅器花纹样款，每逢贡内烧造几对呈进"，推测即为此类皮球花纹器。[1]台北故宫博物院藏有与展品风格相似的皮球花纹盖碗、四曲盘等，惟底款书写风格有差别。

底款

第二单元 粤海呈贡

---

① 杨勇：《养心殿体顺堂铜胎珐琅器的初步分析：兼谈一组西洋造珐琅器》，《故宫博物院院刊》2022年第9期，第61～77、133页，表五《乾隆造办处档案所见宁寿宫收藏铜胎珐琅对应表》。

团花纹夔耳瓶
Dragon-handled Vase with Floral Roundels

18 世纪下半叶，乾隆
高 17.8 厘米 宽 7.6 厘米 口径 2.9 厘米 底径 4 厘米
香港中文大学文物馆提供（承训堂藏）

　　瓶身以淡绿色为底，上绘错落分布的团花纹。瓶颈部装饰蕉叶纹、缠枝莲纹和如意云头纹，瓶足部亦饰有蕉叶纹和回形纹。本品可与香炉、香盒搭配成香具使用，也可单独陈设，类似胆瓶。

铜胎画珐琅团花纹觚
清 乾隆
台北故宫博物院藏（藏品编号故珐 000523）

团花纹茶托
Tea Saucer with Floral Roundels

18 世纪下半叶，乾隆
高 4.8 厘米　长 15.7 厘米　宽 9.2 厘米　底径 5.1 厘米
香港中文大学文物馆藏（世德堂惠赠）

茶托，通常与茶杯配合使用，材质多样。

本品作元宝形，中心的皮球花纹外是一周连续的三叶纹，茶托外壁为卷曲藤蔓，圈足为一周璎珞纹。条带状的三叶纹、璎珞纹在乾隆晚期广珐琅器物上比较流行，图案或源于欧洲的矛尖纹。

底款

第二单元　粤海呈贡

| 50 |

牡丹花纹碗
Bowl with Peony Designs

18 世纪晚期，乾隆
高 5.8 厘米 口径 15.3 厘米 底径 6 厘米
香港中文大学文物馆提供（怀海堂藏）

| 51 |

牡丹花纹盘
Plate with Peony Designs

18 世纪晚期，乾隆
高 3.6 厘米 口径 21.1 厘米 底径 13.3 厘米
香港中文大学文物馆提供（怀海堂藏）

底款

牡丹花纹盘
Plate with Peony Designs

18 世纪晚期，乾隆
高 3.8 厘米 口径 19.9 厘米 底径 12.7 厘米
香港中文大学文物馆藏（世德堂惠赠）

雍正朝瓷胎画珐琅牡丹花纹碗
清 雍正
台北故宫博物院藏（藏品编号故瓷 8574/ 列 443）

　　外壁暗红色珐琅地上绘牡丹花纹, 内壁施湖蓝色珐琅彩。

　　在暗红珐琅地上饰缠枝花卉的做法始于康熙年间, 雍正朝亦有制作。与本组构图相似的有现收藏于台北故宫博物院的"雍正年制"款瓷胎画珐琅牡丹花纹碗[①]。可知官样在不同材质、不同供御品制作地间共享。

底款

---

① 如故瓷8572、故瓷8574、故瓷17561、故瓷17562号的洋彩瓷红地花卉碗。
余佩瑾：《金成旭映：清雍正珐琅彩瓷》，台北：台北故宫博物院，2014
年，第50～55页。

| 53 |

缠枝西番莲蕉叶纹觚
Gu Vase with Lotus and Design of Banana Leaf Panel

18 世纪下半叶，乾隆
高 14.8 厘米 口径 6.7×6.7 厘米 底径 5.2×5.2 厘米
香港中文大学文物馆藏（世德堂惠赠）

底款

| 54 |

缠枝西番莲拐子龙纹四曲盘
Four-lobed Tray with Interlocking Sprays
and Dragon Designs

18 世纪下半叶，乾隆
高 1.4 厘米 宽 18.1 厘米
香港中文大学文物馆藏（世德堂惠赠）

底款

| 55 |

缠枝西番莲纹杯碟
Cup and Saucer with Lotus and Interlocking
Sprays

18 世纪下半叶，乾隆
通高 5.1 厘米
杯：高 4.5 厘米 口径 5.5 厘米 底径 2.7 厘米
碟：高 0.8 厘米 口径 12 厘米 底径 8.7 厘米
香港中文大学文物馆藏（世德堂惠赠）

底款

底款

第二单元　粤海呈贡

| 56 |

缠枝西番莲纹盘
Rectangular Tray with Lotus and Interlocking
Sprays

十八世纪下半叶，乾隆
高 2.7 厘米 宽 26.8 厘米
香港中文大学文物馆藏（世德堂惠赠）

　　瓯、杯碟、盘都是在蓝色珐琅地上彩绘缠枝西番莲纹，其配色与掐丝珐琅相近。夔龙、蕉叶、花卉等纹饰的轮廓、花脉以描金勾勒，这是对掐丝珐琅工艺中焊接于胎体用以分割色块的金属丝或片的模仿。

　　广州制仿掐丝珐琅的产品，显然是为了迎合宫廷趣味，是乾隆时期模仿景泰蓝的创新产品。传世此类器物多见乾隆和嘉庆款，所见的无款器也为官样器，多保存于两岸故宫。①

① 张丽：《描金画珐琅刍议》，《故宫博物院院刊》2005年第4期，第25～32页。

锦地庭院妇孺图花口盘
Tray with Ladies and Children in a Garden

18 世纪上半叶，乾隆早期
高 5.5 厘米　口径 48.5 厘米　底径 41.5 厘米
广州十三行博物馆藏

　　盘口沿十六处开光饰蝙蝠、云龙纹及不同的花卉图案；盘
内八曲开光，边饰有西洋风格的设计，开光内绘中式庭院人物
风景图，构图饱满，屋内妇孺或为课子图题材。盘底卷云纹内绘
蓝菊牡丹，带"乾隆年制"款，四足接盘底装饰花卉。

　　本品整体装饰、造型讲究，人物服饰的衣褶、纹样，庭院湘
妃竹、石雕的护栏等细节都有很好的表达，或为乾隆早期制器。

底款

浑融中西　绚彩华丽　　清代广东金属胎画珐琅

166

填胎珐琅开光西番莲纹五曲菱花式盒
Five-lobed Box with Interlocking Lotus Designs in Framed Panels

18 世纪下半叶，乾隆
通高 14.4 厘米 宽 37 厘米 底径 27.7×26.1 厘米
香港中文大学文物馆提供（承训堂藏）

　　本品尤具西洋风情。盒盖、盒身上的鎏金浮雕缠枝卷草纹，仿自洛可可风格。花瓣形开光、大面积鎏金，表面还有多处缠枝西番莲纹。

　　使用大面积的金胎或者鎏金铜胎的做法，或受当时欧洲金属胎画珐琅的影响。较早的填胎珐琅器物可见于乾隆十年（1745）制作的金胎西洋珐琅亮红亮绿杯盘。[1]清宫旧藏亦有一件铜胎画珐琅鎏金开光瓶，装饰有舒卷自如的蔓草番花和西洋风景纹样。[2]然此类露胎鎏金画珐琅器很少见于外销或清宫外，当是特供宫廷之物。

铜胎画珐琅开光风景海棠式瓶
清乾隆
故宫博物院藏
（藏品编号故 00116624）

底款

---

① 中国第一历史档案馆、香港中文大学文物馆编：《清宫内务府造办处档案总汇》，北京：人民出版社，2005年，第14册，第90页。
② 李久芳主编：《故宫博物院藏文物珍品全集之金属胎珐琅器》，香港：商务印书馆，2002年，第226页。

玉堂富贵孔雀凤鸟图夔耳瓶
Vase with Peacokes, Pheonixes and Flower Designs

18 世纪中期，乾隆
高 21.4 厘米 口径 4.3 厘米 底径 5 厘米
香港中文大学文物馆提供（承训堂藏）

瓶颈部两侧饰铜夔耳，腹部白色珐琅地上装饰有积石、孔雀、双凤、牡丹、玉兰等图案，取"玉堂富贵"之意。瓶底有蓝色楷书"敬制"款。

署"敬制"款的铜胎画珐琅器另见于两岸故宫的收藏，器型有盖盒、碗、鼻烟壶等。[①]其中一件台北故宫收藏的黄地西番莲纹盖盒，配有原装木匣，上刻"乾隆年制铜胎广珐琅西番莲圆盒一件"，可知为广东所造。[②]

此外，故宫博物院与天津博物馆各收藏有一尊白釉观音像，背部有"唐英敬制"四字篆书款，观音原供于宫内佛堂。[③]加之，唐英曾于乾隆十五年至十七年任粤海关监督，这类带"敬制"款的器物或与唐英有一定关系。

底款

① 许晓东、周颖菁、何颂文主编：《总相宜：清代广东金属胎画珐琅·图录》，香港：香港中文大学文物馆，2023年，第405页。
② 陈夏生：《明清珐琅器展览图录》，台北：台北国立故宫博物院，1999年，第238页。
③ 天津博物馆官网藏品介绍，https://www.tjbwg.com/cn/collectionInfo.aspx?Id=2610。

福寿纹执壶一对

Pair of Ewer with Flowers, Peaches and Buddhist Symbols

19 世纪上半叶，嘉庆 / 道光
通高 44 厘米 宽 30 厘米 底径 12.1 厘米
深圳市南山博物馆藏

　　此对壶以蓝色珐琅釉为地，瓶口饰矛尖纹，壶身以花卉、果实及八吉祥图案为主，腹部凸起，装饰五蝠环绕的篆书团寿字。流底部以兽首图案装饰，流与壶颈间有一尾鱼，生动有趣。

　　故宫博物院、英国维多利亚与艾尔伯特博物馆[①]均收藏有此形制的铜胎画珐琅执壶，部分指示为广东制作。

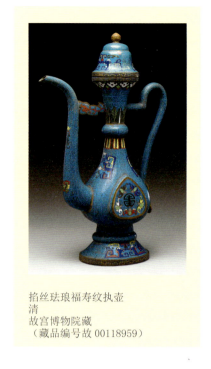

掐丝珐琅福寿纹执壶
清
故宫博物院藏
（藏品编号故 00118959）

---

① 英国维多利亚与艾尔伯特博物馆藏品编号为 FE. 39-1970。

61

蓝地花卉纹盆
Basin with Flowers on a Blue Background

18 世纪晚期至 19 世纪早期，乾隆／嘉庆
高 8.9 厘米 口径 31.2 厘米 底经 16.8 厘米
天津博物馆藏

铜胎画珐琅蓝地描金宝相花纹面盆
清
故宫博物院藏（藏品编号故 00119912）

　　盆以宝蓝色珐琅为地，绘茄果花卉等吉祥寓意的图案，盆壁与口沿衔接处饰一周描金矛尖纹。

　　广珐琅盆以其体量大、装饰精美而闻名，早期常见盆底开光饰人物、花鸟、山水等。此类蓝地花卉图示或得越南顺化宫廷喜爱，其处有类似馆藏[①]。

第二单元　粤海呈贡

---

① Huynh Thi Anh Van. 2023. "Enamelware Collection in Hue Royal Antiques Museum: Some Typical Objects and Characteristics." In Xu, Xiaodong ed. 2023. *Sparkle and Charm: Canton Enamels of the Qing Dynasty*. Art Museum, The Chinese University of Hong Kong. p.312.

透明珐琅

透明珐琅，即将透明质的釉料施于金、银、铜等胎体上，增加了可视图案的层次，使器物更显华姿。18世纪中后期，始于欧洲的透明珐琅工艺传至中国，广东工匠开始仿烧、制作，并于乾隆四十二年（1777）获得成功。透明珐琅技术普遍用于广造钟表、盆、罐、盖碗等器物上，透明珐琅器成为乾隆、嘉庆时期粤海关的御贡特产之一。

【清代广东的透明珐琅】

透明珐琅技术最早出现在13世纪意大利中部城市锡耶纳(Siena),随后逐步向世界各地传播发展。17、18世纪的印度莫卧儿帝国十分盛行透明珐琅,点缀宝石为饰,华贵艳丽。

乾隆后期,广东透明珐琅工艺的工序是:先在金属胎体上錾刻线条,再将预先模制好的金、银箔片拼贴、组合在胎体上,最后再施以蓝色或绿色的透明珐琅彩。普通珐琅釉料烧成温度通常在730℃~800℃之间,而透明珐琅釉料硬度较高,需经820℃高温多次烘烤而成,为广东地区特有的工艺。

银胎透明珐琅小盒
14 世纪早期,法国／英国
英国维多利亚与艾尔伯特博物馆藏
(藏品编号 218:1, 2-1874)

透明珐琅缠枝花卉八吉祥纹面盆
清 乾隆
故宫博物院藏（藏品编号故 00118396）

嵌宝石鎏金银胎内填珐琅盖罐
1780 年之前,印度莫卧儿帝国
台北故宫博物院藏
（藏品编号故珐 000800）

62

透明珐琅冰梅纹罐
Basse-taille Enamel Jar with the Ice-crackled Plum Pattern

19 世纪上半叶，嘉庆
高 3.7 厘米　宽 5.9 厘米　口径 3.7 厘米　底径 3.7 厘米
香港中文大学文物馆藏（世德堂惠赠）

　　此罐器型小巧，或为文房用具。小罐的口沿及下腹部为画珐琅工艺，绘冰梅纹、如意云头、蕉叶纹。

　　罐身运用了广州地区独有的透明珐琅工艺。先施一层绿色的高温透明珐琅釉，烧烤后再用描金工艺绘制冰裂纹，并加点染、勾勒的梅花图案。冰梅纹是在传统冰裂纹的基础上加绘梅花而成，在清康熙朝的瓷器上就已十分流行。

浑融中西　绚彩华丽

清代广东金属胎画珐琅

| 63 |

透明珐琅蓝地贴金银箔杯碟

Basse-taille Enamel Cup and Saucer with Floral
Designs in Gold and Sliver Foil

18 世纪末至 19 世纪初，乾隆 / 嘉庆
通高 7.5 厘米
杯：高 6.8 厘米　口径 6.9 厘米　底径 4.1 厘米
碟：高 2.8 厘米　口径 13.3 厘米　底径 8.7 厘米
香港中文大学文物馆提供（承训堂藏）

此杯造型仿自西洋。其工序可分为几步：首先，在铜质胎体表面刻画出波浪纹，贴银箔片；其次，于其上施一层宝蓝透明珐琅；第三，再贴饰金箔片，构成环绕飘带的乐器如琵琶、折枝花卉或金叶片排列而成的边饰。

杯外壁及碟内均为蓝色高温透明珐琅，而杯的内壁和碟外壁却施绿色透明珐琅彩。这种工艺在当时的中国只有广州可以生产。[1]

碟底及杯内于錾刻有花纹的胎体上。推测本品的金银箔片当为模印生产，碟心的宝石红色透明珐琅比较少见。

① 杨伯达：《从清宫旧藏十八世纪广东贡品管窥广东工艺的特点与地位》，收录于故宫博物院、香港中文大学文物馆编：《清代广东贡品》展览图录，北京：故宫博物院，香港：香港中文大学文物馆，1987年，第22页。

| 64 |

嵌牡丹花纹银錾胎透明珐琅片铜鎏金带饰
Gilt Copper Belt Ornaments in *Basse-taille* and Painted Enamel

18 世纪下半叶，乾隆
高 8 厘米　宽 4.7 厘米　厚 1 厘米
香港中文大学文物馆提供（承训堂藏）

　　本品运用画珐琅与透明珐琅结合的工艺，长方形框内嵌银胎透明珐琅片，银片表面錾刻牡丹花、花叶、叶脉，并羽状线条底纹，再绘粉色珐琅花朵，并施绿色透明珐琅作叶，蓝色透明珐琅打底。

　　錾胎可令金属表面有暗纹，施以透明珐琅彩后可有颜色的深浅变化，光影变化下有多种姿态。

| 65 |

透明珐琅嵌料花卉纹盆
Paste-inset Basse-taille Enamel Jardinière with Floral Garlands

18 世纪下半叶，乾隆晚期
高 16.1 厘米　口径 15.1 厘米　底径 13.2 厘米
香港中文大学文物馆提供（私人收藏）

　　此盆于铜质胎体上錾刻有密集底纹，再施以蓝色的珐琅釉彩。碎花条带的装饰颇具欧陆风情，类似纹饰还见于广州造的外销纹章瓷上。[1]口沿及圈足下层还镶嵌有红白二色料石。

　　花盆造型与故宫博物院所藏画珐琅筒式花盆相似，推测本器功能也与其相同，上插宝石材质的花朵以作盆景。

---

① 广东省博物馆编：《异趣同辉：广东省博物馆藏清代外销艺术精品集》，广州：岭南美术出版社，2013，第95页。

金胎透明珐琅鞘玉把刀
Jade-handled Knife with *Basse-taille* Enamelled Gold Sheath

18 世纪末至 19 世纪初，乾隆／嘉庆
长 32.3 厘米　宽 1.8 厘米　厚 1 厘米
香港中文大学文物馆提供（果海英藏）

乾隆款金胎透明珐琅鞘玉柄佩刀
清　乾隆
故宫博物院藏（藏品编号故 00011621）

　　刀鞘为金胎，宝蓝色透明珐琅层有暗方格花纹，表面还贴饰有金箔片，图案具欧式风格。

　　造办处档案曾载，乾隆年间粤海关进献有"洋镶石花金烧珐琅鞘玛瑙靶小刀一把、金烧珐琅鞘靶单小刀二把、广珐琅刀靶一件"[1]，或为类似本件者。

第二单元　粤海呈贡

---

① 中国第一历史档案馆、香港中文大学文物馆编：《清宫内务府造办处档案总汇》，北京：人民出版社，2005年，第32册，第645、646页，第34册，第617～619。

第三单元

声名远播

广珐琅的成功，不仅使其得以入贡内廷，其足迹更远布欧美、东南亚及伊斯兰世界。18世纪上半叶，广珐琅海外市场主要面向欧洲贵族及富商。乾隆以降，伴随着广州"一口通商"地位的确立，又开拓出北美、印度等新兴市场。19世纪以后，广珐琅不仅进入暹罗皇室、寺院，其工艺还被越南阮朝引入宫廷作坊。

针对不同地域市场的需求，广珐琅在装饰、功能等方面均有调适。销往欧美的烛台、带加热炉的茶壶、茶盘等，适应了西方生活的设计；销往泰国的广珐琅，以皇室专用的槟榔器具为主，其上的帕农神、迦陵频伽装饰，具浓郁宗教特色；销往印度等地的广珐琅，以带托盆的执壶与玫瑰水瓶为主，符合伊斯兰文化特征；而文具盘、手炉、火锅等，及广珐琅上的题款、斋堂款及书法装饰，则迎合了国内市场的文人意趣和日用需求。

The success of Canton Enamel has not only enabled it to be tributed to the court and supplied for the domestic market, but also allowed it to reach as far as Europe, North America, South East Asia and the Middle East. In the first half of the 18th century, the primary foreign consumers of Canton enamels were European nobility and wealthy merchants. Since the Qianlong period, Guangzhou has expanded into new markets such as North America, the Middle East and India, with the establishment of unique status as the only treaty port. During the 19th century, Canton enamels were also very popular in the royal families and upper classes of Siam (Thailand) and the Nguyen dynasty in Vietnam.

In accordance with the needs of different regional markets, Canton enamels have been adapted to new looks in terms of their form, ornament and function. Objects such as wall sconces, candlesticks, washbasins, jugs, teapots with heaters and large tea trays were sold to Europe and the United States, all designed to suit the Western lifestyle. Canton enamels exported to Thailand reflected a religious character with decorative patterns on yellow ground enamels of the god Phanom and Kinnari. Whereas Canton enamels for the Islamic world are predominantly ewers and rosewater bottles, also presented prominent features of Islamic art with Islamic metalwares' shape and a combination of dark blue and golden colors. In addition, a number of stationery plates, hand stoves and hot pots, along with Chinese decorative inscriptions, studio names and calligraphy, cater to the domestic market.

欧洲市场

　　广珐琅在创始之初主要面对的是欧洲市场，其造型与纹饰多借鉴早已风行欧洲的景德镇瓷器。成熟阶段的广珐琅在装饰题材与使用功能等方面对西方社会有着更强的适应性。

　　外销欧洲的广珐琅产品主要有大尺寸的茶盘、吊灯、烛台、壁饰和茶壶等，部分器物造型与欧洲银器有密切关联。欧洲以画珐琅片镶嵌于钟表、鼻烟盒、家具表面的做法，亦推动了广东画珐琅片的制作，催生出广造钟表、家具的镶嵌装饰。广珐琅的装饰题材，除少量例子显示可能为来样加工外，绝大部分为中国传统装饰纹样，以适应欧洲18、19世纪流行的"中国风"。

花鸟纹纹章餐盘盖
Cover of Plate with Arms, Birds and Flowers in Framed Panels

约 1730 年，雍正
高 14 厘米 口径 38.3 厘米 底径 11.2 厘米
广州博物馆藏

广彩纹章瓷盘
约 1730 年，托马斯·布特尔订制[3]

　　此器为汤盘器盖。据考证该器为英国国会议员托马斯·布特尔（Thomas Bootle）于雍正八年(1730)通过英国东印度公司在中国订制的一批广珐琅、珐琅彩瓷餐具中的一件。[1]

　　作为目前所知可考年代最早的带纹章广珐琅，且有同批次配套的珐琅彩瓷传世，此器对纹章瓷、广珐琅以及18世纪广州、英国之间贸易文化交流的研究具有重要意义。[2]

①　广州博物馆编著：《广州定制——广州博物馆藏清代中国外销纹章瓷》，北京：文物出版社，2017年，第161页。
②　郭学雷：《中国纹章瓷概述——兼谈广彩的起源及早期面貌》，郭学雷、谢珍编著：《中西交融——彩华堂藏纹章瓷选粹》，北京：文物出版社，2016年，第6～51页。
③　David Sanctuary Howard. 2003. *Chinese Armorial Porcelain(Volume II)*. London: Heirloom & Howard Limited. p. 238.

开光绶带牡丹图纹章盘

Armorial Plate with Birds and Peonies in Framed Panels

约 1738 年，乾隆初期
高 2.8 厘米 口径 22.5 厘米 底径 11.6 厘米
香港中文大学文物馆藏（世德堂惠赠）

此盘构图非常对称。盘缘四个如意形开光，间隔二狮二鹰。盘内为三朵牡丹花和两只绶带鸟，盘心为纹章图案。

纹章盾牌内绘有二狮二鹰、白色十字架和黑色吊穗。据考证，此纹章属于意大利枢机主教西尔维奥·瓦伦蒂·冈萨加 (Silvio Valenti Gonzaga)，于1738年为庆祝被任命为枢机主教而订制。[1]

铜胎画珐琅纹章杯、碟
清
香港艺术馆藏（藏品编号 C1993.0011）

---

[1] Khalil Rizk. 1993. *Chinese Painted Enamels of the 18th Century.* New York: The Chinese Porcelain Company, pp.78-79.

| 03 |

花卉纹双耳盖碗
Covered Bowl with Floral Patterns and Two Handles

18 世纪上半叶，雍正
通高 14.6 厘米　宽 22.8 厘米　口径 16.3 厘米　底径 8.2 厘米
香港中文大学文物馆藏

　　碗、盖均为花瓣式开光，内绘折枝花卉。黑地描金装饰或源于法国利摩日黑地金属胎画珐琅器。涡卷纹间以花朵的装饰手法亦见于雍正、乾隆之际的外销瓷。

　　类似造型的双耳杯并不常见，目前所知较早的有法国卢浮宫所藏的铜胎画珐琅圣经故事图双耳杯。康熙朝景德镇外销瓷中有仿此器型的五彩花果纹双耳杯。[①]

铜胎画珐琅圣经故事图双耳杯
约 1650 ～ 1700 年，利摩日生产
法国卢浮宫博物馆藏
（藏品编号 MR2471）

---

① 法国吉美博物馆馆藏两件，藏品编号为 G4551A & B。冯明珠主编：《康熙大帝与太阳王路易十四特展：中法艺术文化的交会》，台北：台北故宫博物院，2011 年，第 213 页。

183

描金花卉纹菱花式盖杯
Covered Cup with Floral Patterns

18 世纪中期，乾隆
通高 9.2 厘米
盖：高 2.8 厘米 口径 8.4 厘米 底径 3 厘米
杯：高 7 厘米 口径 9.2 厘米 底径 4.1 厘米
香港中文大学文物馆藏（世德堂惠赠）

　　盖杯的白色珐琅地上以褐色珐琅双钩图案、再描金为饰，例如器盖顶的梅花、矛尖纹，盖内的兰花，杯外壁的西番莲纹等。

　　此杯的器型源自中国传统茶碗，而其上的菱花式盖沿、杯沿内里的几何形线条及杯外壁两面相交处的璎珞形图案，与 1740～1760 年代销往荷兰的描金杯盘茶壶上所见相似，[1] 推测是来自欧洲的纹样。1978 年阿什莫林博物馆"中国画珐琅展"图录有与此件相同的展品。[2]

 浑融中西　绚彩华丽 ／ 清代广东金属胎画珐琅

---

①　Kroes, Jochem. 2007. *Chinese Armorial Porcelain for the Dutch Market: Chinese Porcelain with Coats of Arms of Dutch Families.* Zwolle:Waanders Publishers. pp.291-295.

②　Michael Gillingham 1978. *Chinese Painted Enamels: An Exhibition Held in the Department of Eastern Art.* Oxford: Ashmolean Museum. p.93.

银胎画珐琅庭院山水西洋人物图盒

Box of Painted Enamel on Silver with Landscapes
and Westerners

18 世纪上半叶，乾隆
通高 1.8 厘米 长 6.5 厘米 宽 5.3 厘米
香港中文大学文物馆提供（承训堂藏）

　　此银盒小巧精致，盒盖上装饰画珐琅。人物以点描法呈现五官，光影效果明显。左侧是西式廊柱、中式窗棂的建筑，河对岸是常见于外销瓷和画珐琅器的西洋房舍。盖内则绘山水图景。盒前方开合处设计常见于欧洲鼻烟盒。

　　台北故宫博物院收藏有一件类似造型的银胎画珐琅鼻烟盒，有"胡思明"款。推测是由粤海关举荐入宫的胡思明于乾隆四年(1739)进入造办处珐琅作后试做的产品。①

"胡思明"款银嵌铜胎画珐琅西洋人物图鼻烟盒
清 乾隆
台北故宫博物院藏（藏品编号故珐 000845）

---

① 胡昕汀：《神话改编：从"胡思明"款银嵌铜胎画珐琅鼻烟盒看清宫工匠的西洋图像绘制》，《美成在久》2021年第1期，第54～65页。

| 06 |

西洋人物家居生活图海棠形杯托
Saucer with Westerners in Home Life

18 世纪上半叶，乾隆
高 1.5 厘米 口径 10.5×11.7 厘米 底径 7.2×7.8 厘米
广州十三行博物馆藏

　　海棠形杯托内以黄色珐琅为地，绘缠枝西番莲纹。圆形开光内绘黄棕色头发、高鼻的西洋妇人与童子家居生活图景。画面中童子手捧花瓶，内插翎毛、红珊瑚，妇人斜倚书匣、坐于榻上，披欧式大披肩。

　　杯托背部为红色缠枝花纹和四个白地蓝色缠枝莲纹。碟底白釉，有红色"清玩"方印款。

底款

【欧洲的饮茶风尚】

　　丝绸和茶叶是清朝时销往欧洲的重要商品。17世纪初，茶叶经由荷兰东印度公司介绍到欧洲，适值欧洲上层生活日趋精致、奢靡，茶叶很快风靡欧洲各国，并普及至市民阶层。[①]欧洲市场对茶具的需求也因此大增。

　　贵族家庭的饮茶社交通常在特定的房间内开展，需配备高端茶叶、精美的茶具。除瓷质的茶具外，画珐琅材质的茶壶、杯子、茶叶盒也较常见。

《饮茶的一家人》
佚名，1745 年
美国耶鲁英国艺术中心藏（藏品编号 B1981.25.271）

《喝茶的荷兰家庭》
Daniel Haringh，约 1680 年
Artnet Auction，2004 年拍品

《饮茶的一家三口》
Richard Collins，1727 年
英国维多利亚与艾尔伯特博物馆藏（藏品编号 P.9&:1-1934）

---

① 吴建雍：《清前期中西茶叶贸易》，《清史研究》1998年第3期，第
12～22页。

庭院妇孺图花口盘
Tray with Ladies and Children in a Garden

18世纪上半叶，乾隆
高2厘米 口径30厘米 底径24厘米
广州十三行博物馆藏

　　盘心八曲开光内绘庭院妇孺图。苍松树下，一女子与幼儿同坐石台上，看向草地上嬉戏的三个孩童和身背幼儿的仕女，呈现出欢乐的家居图景。台上、案上陈设有书籍、香炉、果盘、瓷罐等，案旁有青花绣墩和木凳。

　　这类花口盘的造型源自银器，是18世纪欧洲流行的成套茶具之一，用以承托茶壶、杯、碟、奶罐等。

铜胎画珐琅课子图徽章纹花口盘
清 雍正十三年（1735）
广东省博物馆藏

六曲瓷茶盘（内有茶会图）
1743 年
英国维多利亚与艾尔伯特博物馆藏
（藏品编号 3864-1901）

底款

浑融中西　绚彩华丽／清代广东金属胎画珐琅

| 08 |

妇孺图倭角方盘
Tray with Indented Corners and Ladies and Children

18 世纪下半叶，乾隆
长 29.6 厘米　宽 29.6 厘米　高 2.8 厘米
深圳市南山博物馆藏

　　盘心主体绘妇孺图，仕女二人对弈，其余人物观棋或奉茶。其外为卷草与锦地开光花果、蟠螭纹。盘外壁与底部亦绘花果图案。

底款

庭院妇孺图长方茶盘
Rectangular Tray with Ladies and Children in a Garden

18 世纪上半叶，乾隆
高 3.5 厘米　长 91.5 厘米　宽 52.5 厘米
香港中文大学文物馆藏（钟棋伟先生惠赠）

① Vinhais, Luisa & Welsh, Jorge. 2015. *China of All Colours: Painted Enamels on Copper.* London and Lisbon: Jorge Welsh Research & Publishing. p.132.

盘心绘四组人物。左侧仕女一持团扇、一持长箫或笛，团窗中二女子相对观画或弈棋，右侧二女子临窗坐于绣墩持书课子，居中前方二童子戏犬，呈现一派妇贤嗣旺的家居景象。地上如意、长戟寓意吉祥如意。画中簪花仕女均削肩纤体，瓜子脸、柳叶眉、长细目、樱桃嘴，反映出晚明以来仕女画的审美意趣。这类大茶盘一般还配以茶桌。①

　　此盘体量巨大，或可从侧面反映出广东地区大型明炉的使用，珐琅彩烘烤所需的窑炉技术获得了长足进步。

漆木嵌铜胎画珐琅图板茶桌、茶盘
1750～1760年
美国迪美博物馆藏

底款

花鸟纹倭角盘一对
Pair of Trays with Indented Corners and a
Flowers and Birds Design

18 世纪上半叶，乾隆
高 2.3 厘米 口径 29.9×19.4 厘米 底径 21.3×11.6 厘米
香港中文大学文物馆藏（世德堂惠赠）

盘心装饰山石花鸟、蝴蝶, 盘外缘饰以黑色描金卷草纹, 间
4 个开光, 内绘石榴、佛手、桃实等；盘背以折枝花作花款, 外环
以蓝色卷草纹。

缠枝卷草纹是广珐琅最具特色的边饰之一, 作为随形边
饰, 有各种简化、变形, 颜色上以红、蓝、黑三色为主。缠枝之间,
有的点缀有半朵或整朵莲花、菊花的花头, 有的是西式的花头。
黑色缠枝卷草纹常搭配描金工艺, 在乾隆时期也融入到宫廷金
属胎画珐琅图案中。[①]

外底

① 许晓东、周颖菁、何颂文主编：《总相宜：清代广东金属胎画珐琅·图
录》, 香港：香港中文大学文物馆, 2023 年, 第 125 页。

| 11 |

锦地开光折枝花卉纹茶盒
Tea Caddy with Floral Sprays in Framed Panels on
Brocade Backgrounds

18 世纪下半叶，乾隆
通高 8 厘米　长 11.4 厘米　宽 7.7 厘米
香港中文大学文物馆藏（钟棋伟先生惠赠）

此盒上的如意云头、折枝花卉、多色缠枝卷草、锦纹及开光花
卉等均为广珐琅早期纹样的延续，不少可在外销瓷中找到源头。
盒外底中心蓝色折枝花款亦见于1745年前后带有瑞典国王腓特
烈一世（Frederick I, 1676～1751年）纹章的广珐琅茶叶盒。[①]

盒底花款

---

① 疑带瑞典国王弗雷德里克一世纹章的茶叶箱见于苏富比2014年伦敦秋拍。
转引自：胡昕汀：《从外销看18世纪中叶广东珐琅的特点——兼论广珐琅进
入乾隆朝宫廷的原因》，《文博学刊》2019年第4期，第74页。

双头鹰纹茶叶罐
Two Tea Caddies with Double Head Eagle Designs

18 世纪下半叶，乾隆晚期
大：通高 25 厘米　宽 13.3 厘米
厚 8.4 厘米　底径 10.6×5.3 厘米
小：通高 22 厘米　宽 12.2 厘米
厚 7.3 厘米　底径 10×6.2 厘米
香港中文大学文物馆藏（世德堂惠赠）

　　两件茶叶罐尺寸有别，但造型几乎一致。盖如皇冠，下缘如宝石链般的边饰是18世纪晚期中国外销瓷器上的流行纹样。

　　罐身四面开光，内饰折枝花卉；其余饰卷草纹与双头鹰纹，鹰嘴衔花。类似的茶叶罐还见藏于俄罗斯艾尔米塔什博物馆。[1]带皇冠或权杖的双头鹰是俄罗斯皇室的标志，普遍装饰于17世纪克里姆林宫御作坊出品的金银器和丝织品上。此类饰有双头鹰纹饰的茶叶罐或为俄罗斯贵族阶层订制。[2]

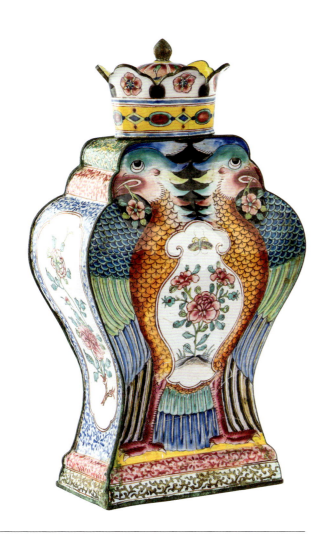

① Tatiana B. Arapova. 1988. *Kita Skie Raspisnye mali: Sobranie Gosudarstvennogo Rmitazhsa (Chinese Painted Enamels: A Collection of the State Hermitage Museum)*. Moscow: Iskusstvo. Figure 11.
② 许晓东、周颖菁、何颂文主编：《总相宜：清代广东金属胎画珐琅·图录》，香港：香港中文大学文物馆，2023年，第425页。

| 13 |

折枝花卉蔬果纹提梁壶连兽足炉
Kettle, Heater and Stand with Floral Sprays and Fruits

18 世纪下半叶，乾隆
通高 34 厘米
壶：通高 25 厘米 宽 23.7 厘米 底径 7.7 厘米
炉：高 9.5 厘米 宽 13.2 厘米
香港中文大学文物馆藏（大学购藏）

　　此器由提梁圆腹壶、炉座和支架三部分组成。这种形制的银壶在1710年前后应是一种标准器，多在女性社交场所中用于煮水、泡茶。

　　随着欧洲茶叶供应的普及化，茶具的需求日益增加，与本品相似的铜胎画珐琅茶壶可见于全球多处公私收藏中。清宫造办处档案曾记载乾隆四年(1739)珐琅作仿西洋银壶制作了镶嵌温都里那石珐琅壶一对，铜镀金架子，现藏故宫博物院。[1]

银质带炉提梁壶
约 1730 ~ 1731 年
英国维多利亚与艾尔伯特博物馆藏
（藏品编号 LOAN:GILBERT.672:1to3-2008）

① 中国第一历史档案馆、香港中文大学文物馆编：《清宫内务府造办处档案总汇》，北京：人民出版社，2005年，第9册，第134、139页。故宫博物院藏品编号为故00116586。

| 14 |

西厢记故事图茶壶、加热器、座
Kettle, Heater and Stand with the Story of
Romance of the Western Chamber

18 世纪下半叶，乾隆晚期
通高 33.8 厘米
壶：通高 25.1 厘米　宽 12.3 厘米　底径 7.6 厘米
座：高 10.1 厘米　宽 14 厘米
香港中文大学文物馆藏（世德堂惠赠）

　　茶壶主纹饰来源于《西厢记》故事中的长亭送别。壶身绘有长
亭、柳树、奉酒侍立的红娘以及正在依依惜别的崔莺莺与张生。

　　《西厢记》故事题材是明清时期非常流行的装饰主题，画珐
琅器上采用相同装饰主题的还有茶叶盒。

庭院人物图提梁壶及温炉
Beam Kettle, Heater, and Stand with Ladies and Children

18 世纪下半叶，乾隆晚期
通高 30 厘米
壶：宽 20.5 厘米 口径 8.5 厘米 底径 8 厘米
座：高 7.1 厘米
深圳市南山博物馆藏

此壶造型、纹饰与前一件相似，均以卷草纹、锦纹、开光折枝花卉等进行排列组合。

壶腹部绘庭院妇孺图。一妇人倚石观书，一仕女持扇回望，看孩童院内游戏。童子正观看斗鸡，高兴得手舞足蹈。另一面也绘有三个人物，一侍女折花、童子捡拾、另一仕女插花。画面以湖石分隔，又以飞燕相连。该图像符合当时欧洲社会对中国社会生活的想象。

浑融中西 绚彩华丽 / 清代广东金属胎画珐琅

开光山水西洋人物图杯托
Saucer with Indented Corners and Westerners in a Landscape

18世纪下半叶，乾隆
高 1.2 厘米 长 10 厘米 宽 10 厘米
香港中文大学文物馆藏（承训堂惠赠）

　　此杯托以黑色卷草纹为地。开光内的女士为长卷发，手持长棍，着褶皱领口衬衫，旁边为绵羊和手拿小花的卷发男童，表现的似是欧洲18世纪流行的牧羊女图像。[①]但牧羊女的裙裾、背景的树木、背面的冰梅纹及"清玩"款又具有浓厚的中式韵味。

《牧羊女》
Jacob Gerritsz，1628 年
荷兰阿姆斯特丹国立博物馆藏
（藏品编号 SK-A-1793）

第二单元　声名远播

底款

---

① 周颖菁：《中国的想像？清代广珐琅的西洋人物图》，许晓东、周颖菁、何颂文编：《总相宜：清代广东金属胎画珐琅·论文集》，香港：香港中文大学文物馆，2023年，第233页。

开光西洋人物花卉纹盖碗及碟

Covered Bowl and Saucer with Westerners and
Floral Patterns in Framed Panels

18世纪上半叶，乾隆
通高11.6厘米
盖碗：通高10.7厘米 口径11.2厘米 底径5.2厘米
碟：高2.2厘米 口径14.7厘米 底径9.5厘米
香港中文大学文物馆提供（水松石山房藏）

杯盖

碗盖、碟均以百花纹为地，开光内绘西洋人物。盖上开光内绘牧羊、耕牛、放马图。

17世纪后期，田园诗歌风靡英国。诗人詹姆斯·汤姆森的《四季》农事诗（1726～1730年间创作）中就描绘了剪羊毛、割牧草、耕牛、丰收等景象。[1]

广州的画珐琅工匠或受18世纪流行的田园风格绘画影响，将西方的农事图与中国传统农耕寓意相结合，创造出融合中西文化的艺术形象。

浑融中西 绚彩华丽 —— 清代广东金属胎画珐琅

---

① 郑伊看：《另一个我——一件广州外销镜画中的"牧羊女"形象研究》，《艺术设计研究》，2020年第6期，第103页。

| 18 |

西洋人物图盘
Plate with Westerners

18 世纪中期，乾隆
高 2.8 厘米　口径 14.8 厘米　底径 9.1 厘米
香港中文大学文物馆提供（私人收藏）

　　盘内以百花纹为地，盘心开光内以点描法绘西洋男女、儿童，远景河岸后有森林与建筑。

铜胎画珐琅西洋人物图盖碗及碟
18 世纪
美国迪美博物馆藏

| 19 |

开光西洋人物图盖碗及碟一对
Pair of Covered Bowls and Saucers with Western Myths in Framed Panels

18 世纪中期，乾隆
通高 14 厘米
碗：高 7.6 厘米　口径 12.6 厘米　底径 5.9 厘米
盖：高 6 厘米　口径 13.6 厘米
碟：高 3.1 厘米　口径 14.4 厘米　底径 9.5 厘米
香港中文大学文物馆藏（世德堂惠赠）

这两件器型和纹饰相同的盖碗及碟或为餐具套组中的两件。根据欧洲18世纪的饮食习惯，其多被用作汤碗或茶碗。

碗身各有三个开光，绘西洋神话故事。譬如大地女神西布莉、谷物花果三女神，以及可能是维尔图努斯向波莫纳求爱的场景。[1]其中一件碗盖上绘有牧羊图。开光内纹饰属典型的西洋画法，以点画法和明暗、透视来表现人物形象和风景。

---

① 周颖菁：《中国的想像？清代广珐琅的西洋人物图》，许晓东、周颖菁、何颂文编：《总相宜：清代广东金属胎画珐琅·论文集》，香港：香港中文大学文物馆，2023年，第252页。

碗盖

开光西洋人物图碗及碟一对
Pair of Bowls and Saucers with Westerners in Framed Panels

18 世纪中期，乾隆
通高 6.3 厘米
碗：高 5.4 厘米 口径 9.8 厘米 底径 5 厘米
碟：高 3.2 厘米 口径 14.6 厘米 底径 9.4 厘米
香港中文大学文物馆藏（世德堂惠赠）

这对碗碟以百花纹为地，开光内绘有树下男女，女性举着木棍，男士端着酒杯，地上有装满葡萄的果篮，右侧男士跪献葡萄。此图案与罗马神话中的酒神巴克斯与仆从萨蒂尔、农业女神克瑞斯有关，原寓意丰收。也有可能暗指水果女神波摩娜。[①]

广珐琅工匠将神话人物的古罗马服饰替换成欧式时装，又加入花卉，使西洋神话故事题材与中国传统的春天、百花等吉祥寓意相匹配。

---

① 胡听汀：《神话改编：从"胡思明"款银嵌铜胎画珐琅鼻烟盒看清宫工匠的西洋图像绘制》，《美成在久》2021年第1期，第54～65页。

冰梅纹早餐具
Breakfast Set with the Ice-crackled Plum Pattern

18 世纪末至 19 世纪初期，嘉庆
提篮：通高 8 厘米 口径 13.7 厘米 底径 10.4 厘米
盖碗通高 11 厘米 口径 12 厘米 底径 6.3 厘米
杯碟通高 7.4 厘米
杯：高 6.8 厘米 口径 5 厘米 底径 4.5 厘米
碟：高 1.6 厘米 口径 15.7 厘米 底径 12 厘米
黄油盖盒带碟通高 7 厘米
盒：通高 4 厘米 长 12.2 厘米 宽 8.9 厘米
碟：高 1.8 厘米 长 16.1 厘米 宽 13.8 厘米
香港中文大学文物馆藏（钟棋伟先生惠赠）

《静物·茶具》
Jean-Étienne Liotard，约 1781 ～ 1783 年
美国盖蒂博物馆藏（藏品编号 84.PA.57）

　　本组器物在宝蓝色珐琅地上饰冰梅纹。冰梅纹在瓷器、画珐琅及掐丝珐琅器上均可见，且沿用时间较长，亦不限于外销、御用。19 世纪以后，冰梅纹多与竹枝配搭。

　　盖碗（有的带碟）常用来盛装食用糖，椭圆盖盒连碟盛装黄油，带碟小杯置放鸡蛋，桶形篮则备放取用糖、黄油等的小勺、小叉类用具。

| 22 |

冰梅纹杯碟
Cup and Saucer with the Ice-crackled Plum Pattern

18 世纪末至 19 世纪初期，嘉庆
通高 5.2 厘米
杯：高 4.9 厘米 口径 5.6 厘米 底径 2.8 厘米
碟：高 1.9 厘米 口径 11.9 厘米 底径 8.7 厘米
香港中文大学文物馆藏（世德堂惠赠）

　　此套杯碟装饰细致，口沿均有鎏金。宝蓝色杯壁及碟内以金色珐琅彩绘画冰裂纹，点缀白色梅花。花瓣与花蕊都描绘细致。碟底部有"嘉庆年制"款。

　　本品或是作咖啡杯碟使用。

底款

冰梅纹港口图盒
Box with Port Scene and the Ice-crackled Plum Pattern

18 世纪末至 19 世纪初，乾隆／嘉庆
通高 4.3 厘米 口径 6.1 厘米 底径 3.5 厘米
香港中文大学文物馆提供（怀海堂藏）

　　盒以蓝地描金冰梅纹装饰。盒盖圆形开光绘港口图。画面中为两艘帆船与一艘小舢板，岸边男士戴黑色三角礼帽、身着长披风，属典型的中国绘画对西洋男士的描绘。风景采用点描法表现草地、屋舍、树木和群山的深浅浓淡。

　　盒盖鎏金盖沿之上还装饰有一周橙色、蓝条带纹。圈足描金矛尖图案也是18世纪欧洲流行的装饰纹样之一。

开光西洋人物图盖碗及盘一对
Pair of Covered Bowls and Saucers with Westerners in Framed Panels

19 世纪上半叶，嘉庆
通高 22.7 厘米
盖：高 6.5 厘米 口径 19.8 厘米 底径 6.7 厘米
碗：高 15.8 厘米 口径 20.7 厘米 底径 12 厘米
盘：高 3.3 厘米 口径 21.3 厘米 底径 14 厘米
香港中文大学文物馆提供（私人收藏）

　　盖、高足碗腹及盘折沿分别有两个椭圆形开光，开光内以画珐琅工艺绘港口图，有西洋水手、临水房舍、归帆等场景。

　　本件开光外区域以透明珐琅工艺制成。先在胎体上錾刻密集鱼鳞纹，并以预制的、有纹饰的银箔叶排列成各种形状，施金黄色勾连成枝蔓，再彩绘宝蓝色透明珐琅。各色珐琅彩在宝蓝透明珐琅地的衬托下，色彩明艳。

　　越南顺化明命帝陵墓享堂内陈列有一件与本品相似的高足盖碗，据称系明命年间从欧洲购回。①

① Huynh Thi Anh Van. 2023. "Enamelware Collection in Hue Royal Antiques Museum: Some Typical Objects and Characteristics." In Xu, Xiaodong ed. 2023. *Sparkle and Charm: Canton Enamels of the Qing Dynasty.* Art Museum, The Chinese University of Hong Kong. p.319.

银胎画珐琅花蝶纹贝壳式鼻烟盒

Shell-shaped Snuff Box with Flowers and Butterflies Enamel on Silver

18世纪下半叶，乾隆
通高 3.1 厘米 长 7.3 厘米 宽 6.4 厘米
香港中文大学文物馆藏（承训堂惠赠）

　　此盒表面绘画贝壳纹理，其上再装饰萱草、月季、勿忘我。盒盖内里绘藤瓜、月季、蜀葵、飞蝶。除盛放鼻烟外，也可作为香盒使用。贝壳形是欧洲18世纪洛可可艺术装饰图案之一，亦多见于18世纪中叶中国外销瓷上。

铜胎画珐琅香盒及盒内局部图[①]
清 乾隆
美国温特图尔博物馆藏

盒内图

---

①　Vinhais, Luisa & Welsh, Jorge. 2015. *China of All Colours: Painted Enamels on Copper*. London and Lisbon: Jorge Welsh Research & Publishing. p.244.

铜胎画珐琅花蝶纹贝壳式鼻烟盒
Shell-shaped Snuff Box with Flowers and Butterflies Enamel on Copper

18 世纪下半叶，乾隆
通高 3.4 厘米 长 7.9 厘米 宽 6.1 厘米
香港中文大学文物馆藏（钟棋伟先生惠赠）

　　欧洲人对贝壳的收藏可追溯至古罗马时期。随着新航路的开辟，从遥远海岸线打捞而来的贝壳使17世纪欧洲的贝壳收藏更加狂热。这些颇具异域风情的贝壳成为彰显身份地位的玩物。[1] 从销往欧洲的瓷器与广珐琅上也可见当时的贝壳热潮。

盒内图

① Bass, Maisa Anne., Goldgar, Anne., Grootenboer, Hanneke & Swan, Claudia. 2021. *Conchophilia: Shells, Art, and Curiosity in Early Modern Europe*. Princeton: Princeton University Press.

第二单元　声名远播

花卉纹洗盘及水浇
Flower patterned Lavatory Basin

18 世纪下半叶，乾隆
水浇：高 26.7 厘米 带把长 24.5 厘米 宽 10 厘米 底径 11.8 厘米
洗盆：高 10.2 厘米 最长处 30.3 厘米 最宽处 38.3 厘米
深圳市南山博物馆藏

　　该组器物是由贝壳形盘和螺壳形水浇组成的一套盥洗用
具。

　　水浇口部呈爵状，下部呈螺壳形、把手饰卷草纹。水浇外壁
及托盘内外壁间饰卷草和折枝花纹，并以黄色锦纹、灵芝形开
光和蝴蝶装饰。托盘底部有锥形支托。螺壳、贝壳等器型是欧洲
18世纪洛可可风格喜欢使用的器型。

| 28 |

蝴蝶纹盆
Basin with Butterflies

18世纪下半叶，乾隆晚期
高11.2厘米 口径41.2厘米 底径13.4厘米
香港中文大学文物馆藏

　　此盆于蓝色珐琅地上绘各种姿态的蝴蝶，口沿处点缀贝壳、丝带和花朵，似受欧洲装饰艺术的影响。其中多只蝴蝶，运用不同颜色、线条、点来细致描绘蝴蝶的身体和翅膀，非常写实。18、19世纪流行于广州的外销画中就有一类据实描绘的中国植物、昆虫科学画。

外底

| 29 |

缠枝西番莲纹盒
Box with Interlocking Sprays and Lotus Design

19世纪上半叶，嘉庆／道光
通高 4 厘米 底径 6.9×6 厘米
香港中文大学文物馆藏（承训堂惠赠）

　　盒身以宝蓝色珐琅为地，上绘缠枝西番莲及桃实、石榴、香橼、葡萄等图案。美国罗斯福总统故居藏有一件与本品类似的宝蓝色画珐琅地花果纹珐琅盒，资料显示为其祖父1870年购自中国。[1]

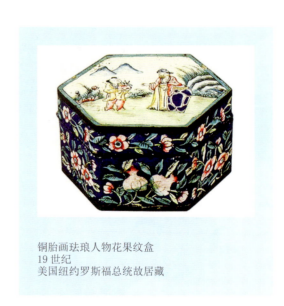

铜胎画珐琅人物花果纹盒
19世纪
美国纽约罗斯福总统故居藏

---

[1] 许晓东：《再论清代广东金属胎画珐琅》，许晓东、周颖菁、何颂文编：《总相宜：清代广东金属胎画珐琅·论文集》，香港：香港中文大学文物馆，2023年，第22、23页。

透明珐琅蓝地贴银箔方座杯
Basse-taille Enamel Cup with Flowers in Sliver
Foil

19 世纪早期，嘉庆
高 4 厘米 口径 8 厘米 底径 4.4×4.5 厘米
香港中文大学文物馆藏

　　此杯造型颇具西洋风格。杯外壁为高温蓝色透明珐琅，釉下设计有缠枝花卉纹，乃预先将银箔剪成相应形状，再贴饰其上，后通体再施一层宝蓝色透明珐琅，形成暗纹效果。

第三单元　声名远播

镶嵌铜胎画珐琅游园图茶桌
Tea Table with Painted Enamel of the Garden Tour Image

18 世纪中期，乾隆
高 80.8 厘米　长 78.1 厘米　宽 55.7 厘米
深圳市南山博物馆藏

　　针对欧洲市场常以画珐琅片镶嵌于钟表、鼻烟盒、家具表面的风尚，广州亦大量制作广珐琅画片。

　　此茶桌桌面为内嵌的画珐琅饰版，图案为典型的中式游园景象。画面下方男女二人踏青出游，石桥上仕女奏乐，水榭中游人观景。整画共绘二十九人，但布局稀疏有致，表达的三个主题与风景和谐地融为一体。桌面外的其他装饰颇具西洋风情，推测为广珐琅外销欧洲的产品。

镶铜胎画珐琅贝壳花果纹鎏金竹节小方几

Table with painted enamel decorated in shell,
flower and fruit patterns

18 世纪下半叶，乾隆晚期
高 45.4 厘米 边长 46.4 厘米
深圳市南山博物馆藏

　　方几为全铜制作，桌面镶嵌铜胎画珐琅片。画珐琅片以丝
带、贝壳为饰，中心绘花果、莨苕叶，色彩华丽，颇具欧陆风情，
或参考了欧洲画稿制作。

桌面

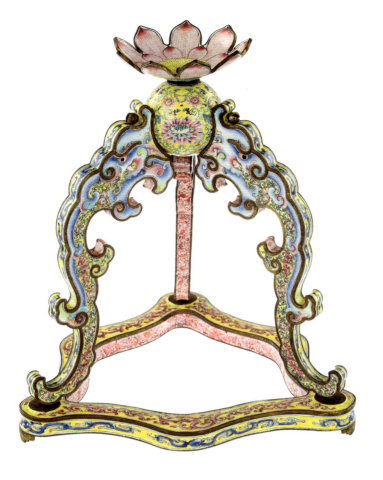

| 33 |

三螭托莲式烛台
Candlestick in the Form of Three Dragons Supporting a Lotus

18 世纪下半叶，乾隆
高 21.7 厘米 长 19.6 厘米 宽 19.2 厘米
香港中文大学文物馆藏（世德堂惠赠）

　　烛台大致呈三角锥形，三条螭龙托着宝珠，珠上插一叠瓣莲花用以放置蜡烛。

　　18世纪的欧洲，由于饮食习惯的改变，客厅布置也有变化。就照明器具而言，除了多枝吊挂式烛台外，也有固定于墙上的。本品应是置放于桌面上用以照明。

缠枝花卉莲花烛台[1]
18 世纪
俄罗斯艾尔米塔什博物馆藏

---

① Tatiana B. Arapova. 1988. *Kita Skie Raspisnye mali: Sobranie Gosudarstvennogo Rmitazhsa (Chinese Painted Enamels: A Collection of the State Hermitage Museum)*. Moscow: Iskusstvo. fig.25.

| 34 |

万花献瑞图壁饰
Wall Vase with the Millefleurs Desigh

18 世纪下半叶，乾隆
高 33.6 厘米 宽 23.8 厘米 厚 16.5 厘米
香港中文大学文物馆提供（承训堂藏）

　　壁饰大致呈喇叭形，外壁满绘各种花卉，如牡丹、芙蓉、菊花、玉兰、葡萄等。推测其是固定于墙壁上的装饰，可簪插花卉。类似器物比较少见。万花献瑞纹样在乾隆初年被定为赏花季例传器用的应景纹样。

　　故宫博物院收藏有一对铜镀金美人图花插式挂表，造型与此相似，外壳装饰有画珐琅片，花插内套顶端平面上有大小不一的圆孔。[1]

铜镀金美人图花插式挂表
英国 18 世纪
故宫博物院藏

① 陈浩星、郭福祥、关雪玲等著：《日升月恒：故宫珍藏钟表文物》，澳门：澳门艺术博物馆，2004年，第142页。

透明珐琅蓝地贴银箔高足杯
Basse-taille Enamel Stem Cup with Floral Sprays in Silver Foil on a Blue Background

19 世纪上半叶，嘉庆 / 道光
高 16.1 厘米 口径 10.3 厘米 底径 9.1 厘米
香港中文大学文物馆提供（贺祈思藏）

　　此杯造型仿自西洋，结合了画珐琅工艺与透明珐琅工艺。杯体对称的方形开光内绘庭院人物家居生活图，与晚期广彩上的装饰纹样相似。

　　开光外是以先行准备的不同形状的银箔片满布杯体，再施蓝色透明珐琅釉烧制而成。透明珐琅工艺中，金银箔片或为模印制造，多块箔片组合而成的大图案看上去大多相同。

开光庭院人物图珐琅瓶
Pair of Large Vases with Pictures of Family Life in Framed Panels Enamel on Copper

19世纪上半叶，嘉庆／道光
高 79.5 厘米 宽 46.5 厘米 口径 16.5 厘米
香港中文大学文物馆藏（承训堂惠赠）

　　此瓶遍施透明珐琅釉，贴饰有多层的银箔花片，颈部两耳缺失。体量大，从肩部拼接痕迹推测为上下两段分别制作。

　　瓶身有上中下三段式开光，大小不同的开光内均绘有庭院人物图，并不指涉具体故事主题，与广彩瓷器上的"满大人图"相似。

　　广珐琅在器型和纹饰上多有对广彩瓷器的借鉴。广彩大花瓶主要流行于19世纪中晚期，文献记载此类器物有的可高与人齐[1]，欧美多用作花器。[2]

绚彩华丽
浑融中西
清代广东金属胎画珐琅

---

① 陈浏：《陶雅》，郑廷桂等辑：《中国陶瓷名著汇编》，北京：中国书店，1991年，第112页。
② 高洋：《他山之石——浅谈广东铜胎画珐琅对其他工艺的借鉴》，许晓东、周颖菁、何颂文主编：《总相宜：清代广东金属胎画珐琅·论文集》，香港：香港中文大学文物馆，2023年，第291～293页。

肩部拼接痕

腹部开光

亚洲市场

　　17 世纪末以来，除欧洲外，还有不少来自亚美尼亚、印度、巴斯等地的商人、商船参与广州贸易。他们或作为散商、或与各东印度公司合作开展各项公私商业活动，而印度就是他们连接广州、澳门的基地。广珐琅也是 18 世纪 70 年代末至 19 世纪外销到印度的商品之一。

　　广东沿海与东南亚等地的贸易历史悠久，今天的越南顺化宫廷文化博物馆和泰国国家博物馆均收藏有数量不等的广珐琅，它们或经官方订制、或经由广州—巴达维亚之间的港脚贸易得来。

【伊斯兰世界】

　　广珐琅亦曾销往莫卧儿帝国等伊斯兰地区。心形开光的执壶、细长颈玫瑰水瓶是其中最具特色的器物。执壶壶体两侧中心装饰心形凸起或开光，中东、南亚等伊斯兰地区亦盛行此种金属器，并在细密画中多有体现。细长颈玫瑰水瓶(rosewater sprinkle)也是伊斯兰地区广为流行的器皿之一，材质多样，玻璃、金属兼而有之，细密画中也多见，常有小杯相配。

铜胎画珐琅花卉玫瑰水瓶①
18世纪
俄罗斯艾尔米塔什博物馆藏

铜胎画珐琅花卉纹执壶、盆②
18世纪
马来西亚伊斯兰艺术馆藏

---

① Tatiana B. Arapova. 1988. *Kita Skie Raspisnye mali: Sobranie Gosudarstvennogo Rmitazhsa (Chinese Painted Enamels: A Collection of the State Hermitage Museum)*. Moscow: Iskusstvo. fig.22,23.
② 许晓东：《清代外销金属胎画珐琅》，《中国国家博物馆馆刊》2019年第8期，第114页。

| 37 |

花卉纹八方盘、盒
Octagonal Plate and Box with Floral Patterns in Framed Panels

18 世纪上半叶，雍正 / 乾隆
通高 9 厘米
盒：通高 8.1 厘米 长 13.7 厘米 宽 10.8 厘米
盘：高 1.3 厘米 长 28.6 厘米 宽 23.1 厘米
香港中文大学文物馆藏

盘、盒均呈八边形，对称几何形开光，内绘各种花卉。开光间以黑色描金缠枝卷草纹装饰，并点缀蓝菊一朵。类似造型的盘、盒在印度17至18世纪的细密画上可以看到，材质并不限于铜胎画珐琅。此套盘、盒推测用于盛装槟榔，流行于印度。

嚼食槟榔是东南亚及南亚地区的习俗，至今依然盛行。槟榔器具的材质、造型、组合虽因使用者国别、地位的不同而有差异，但金、银、玉、黄铜质器具均是尊者之选。[1]

莫卧儿细密画中的槟榔盒（Vilaval Ragini）
约 1770 年
英国维多利亚与艾尔伯特博物馆藏
（藏品编号 IS. 244-1951）

① 许晓东、周颖菁、何颂文编：《总相宜：清代广东金属胎画珐琅·图录》，香港：香港中文大学文物馆，2023年，第447页。

花卉纹镂空碗
Openwork Bowl with Floral Patterns

18 世纪上半叶，乾隆
高 9 厘米 口径 19 厘米 底径 8.3 厘米
香港中文大学文物馆藏（无名氏惠赠）

　　碗身饰龛形及水滴形开光各三，内饰镂空花卉纹，局部描金。开光外绘缠枝西番莲纹。

　　印度痕都斯坦风格的玉器中也有镂雕花卉纹的玉碗、玉盒，有的内里配有银胆。[1] 据此推测，本品很可能是为印度市场制作。1978年牛津大学阿什莫林博物馆"中国画珐琅展"图录中也收录有一件与本品造型、纹饰都极其相似的盖碗，被认为用作香薰。[2]

铜胎画珐琅带盖镂空碗
18 世纪
英国牛津大学阿什莫林博物馆 1978 年中国画珐琅展目录收录

---

①邓淑苹：《国色天香：伊斯兰玉器》，台北：台北故宫博物院，2007年，图版193～195、207、208，第154～156、163、164页。
②Michael Gillingham. 1978. *Chinese Painted Enamels: An Exhibition Held in the Department of Eastern Art.* Oxford: Ashmolean Museum. p.94.

缠枝西番莲纹甜瓜式盒
Melon-shaped Box with Interlocking Sprays and Lotus Design

18 世纪上半叶，乾隆
高 9.7 厘米 长 16.3 厘米 宽 10 厘米
香港中文大学文物馆藏（世德堂惠赠）

金漆瓜瓞纹瓜式盒
清
故宫博物院藏（藏品编号故 00114698）

  盒盖、盒身两端各装饰半朵西番莲，扣合后成完整的一朵。盒身沿瓜棱方向装饰缠枝西番莲纹，局部有椭圆形矮圈足。盒盖内装饰有蓝色缠枝花纹。

  故宫博物院藏有一件与此件相似的瓜形盒，表面绘瓜瓞纹，遍涂金漆，扣合方式也与本品相近。

盒内款

错铜银锌合金执壶
17世纪中期　印度德干地区
英国维多利亚与艾尔伯特博物馆藏
（藏品编号 1479-1904）

| 40 |

花卉纹执壶
Ewer with Floral Patterns

18 世纪下半叶，乾隆
高 31.2 厘米 宽 23.1 厘米 底径 11×9 厘米
香港中文大学文物馆藏（大学购藏）

　　执壶的造型、壶腹凸起的心形开光以及装饰图案都属典型
的中式风格，而银盖、器身连接柄部的方式、柄的造型以及椭圆
足却具伊斯兰地区黄铜器的特色。推测这类执壶或与带镂空盖
的盆搭配使用作净手器。[①]

　　水在伊斯兰世界被认为是生命之源，执壶等水器是中东及
印度地区重要的日常器用。教徒祈祷前需净手，印度人饭前及
饭后都要净手。各种水器造型甚至成为伊朗萨法维王朝与印度
莫卧儿王朝建筑、绘画的装饰题材。[②]

①　许晓东：《清代外销金属胎画珐琅》，《中国国家博物馆馆刊》2019年第
8期，第110～122页。

②　Mark Zebrowski. 1997. *Gold, Silver & Bronze from Mughal India*. London:
Alexanderia Press in Association with Laurence King, pp. 134-151.

带徽章广珐琅餐具
Enamel Tableware with Family Badge

19 世纪上半叶，嘉庆／道光
高足盘：高 19.5 厘米 宽 34 厘米 口径 31.3 厘米 底径 19.5 厘米
扇形碟（大）：高 3 厘米 长 30.5 厘米 宽 17.9 厘米
扇形碟（小）：高 2.7 厘米 长 28 厘米 宽 16.1 厘米
瓜形碟（大）：高 3 厘米 长 28 厘米 宽 17 厘米
瓜形碟（小）：高 3.3 厘米 长 28.2 厘米 宽 16 厘米
叶形碟（大）：高 2.5 厘米 长 27 厘米 宽 18 厘米
叶形碟（小）：高 2.3 厘米 长 27.7 厘米 宽 16 厘米
香港中文大学文物馆提供（私人收藏）

此为两套餐具，每套各含扇形碟4件、高足盘2件、瓜形碟2件、叶形碟2件。铜质胎体，表面饰以银箔片、组合成细密的花叶、缠枝图案，上罩绿色透明珐琅釉，口沿处贴饰有一周金箔片鎏金。

有2件高足盘外壁仍保留有描金徽章，其他碟盘内亦有用银箔组合而成的部分纹章图饰。此套餐具原属英国的埃尔芬斯通（Elphinstone）家族旧藏。盖蒂基金会信息显示此套餐具为纪念威廉·富勒顿·埃尔芬斯通（William Fullerton Elphinstone, 1740～1834年）从东印度公司荣休而订制。[1]他在英国东印度公司服务了近70年，于1780年代跻身领导层。[2]

---

① Lot essay, Sotheby's Auction "The Ann & Gordon Getty Collection: Indian, Ottoman, Global Works of Art, Jewelry and Textiles" Oct, 2022. https://onlineonly.christies.com/s/ann-gordon-getty-collection-indian-ottoman-global-works-art-jewelry/group-indian-enameled-armorial-tablewares-1154/160045.
② 布莱恩·拉平著，钱乘旦译：《帝国斜阳》，上海：上海人民出版社，1996年，第31页。

【越南市场】

　　越南阮朝明命帝阮福晈,除购置广珐琅产品外,还在顺化皇宫创建造办处,聘请广州等地工匠,为皇家烧制珐琅器用。[①]其后绍治帝阮福暶、嗣德帝阮福时二朝也有烧制。三朝的珐琅器多署"明命""明命年制""明命年造""绍治年造""嗣德年造"年号款。[②]烧制的铜胎画珐琅片多用于皇宫或帝王陵寝的建筑装饰,器物主要为日用、祭祀用途,造型与装饰都具浓郁的中国风格。

越南顺化皇宫牌坊上装饰的铜胎画珐琅饰(罗晶晶摄于 2019 年)

铜胎画珐琅盖碗
19 世纪
越南顺化宫廷文化博物馆藏

"明命年造"款铜胎画珐琅盒
19 世纪上半叶
越南顺化宫廷文化博物馆藏

① 许晓东:《广东金属胎画珐琅产销的几个阶段:兼及广珐琅之断代》,《浙江大学艺术与考古研究》第6辑,杭州:浙江大学出版社,2022年,第141~143页。

② Huynh Thi Anh Van. 2023. " Enamelware Collection in Hue Royal Antiques Museum: Some Typical Objects and Characteristics",许晓东、周颖菁、何颂文主编:《总相宜:清代广东金属胎画珐琅·论文集》,香港:香港中文大学文物馆,2023年,第305~336页。

锦地开光花卉纹提梁壶
Swing-handled Pot with Floral Patterns in Framed Panels on Brocade Backgrounds

越南阮朝，明命（1820～1841年）
通高11厘米 宽14.4厘米 口径10.1厘米 底径6.4厘米
香港中文大学文物馆藏（无名氏惠赠）

　　壶底有蓝色珐琅楷书款"明命年造"。壶身及盖均为黄色珐琅地上描绘锦纹。蓝色开光内绘有折枝花卉、铜钱、蝙蝠、如意、葫芦、磬、珊瑚等中式纹样。[①]

　　壶上的开光、折枝花卉、锦纹、八宝等吉祥纹样及长流末端的兽吞设计，都是中国传统的装饰图案，但其造型、用色和绘画手法与广珐琅有别，推测是阮朝本地工匠的早期作品。

开光图案

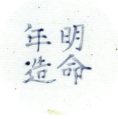

底款

---

① 许晓东：《清代外销金属胎画珐琅》，《中国国家博物馆馆刊》2019年第8期，第110～122页。

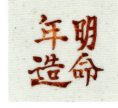

底款

| 43 |

束花纹盖杯
Covered Cup with Flower Clusters

越南阮朝，明命（1820～1841 年）
通高 11.3 厘米 宽 10.8 厘米
盖：高 3.6 厘米 径 7.8 厘米
杯：高 8.3 厘米 口径 7.9 厘米 足径 6.5 厘米
香港中文大学文物馆藏（无名氏惠赠）

　　杯底署红色珐琅楷书款"明命年造"。杯体及杯盖表面饰有
三束玫瑰。边饰则为蓝色的S形纹和几何纹。杯盖有银质松果形
钮。杯把饰有碎花、樱桃等图案。

　　此盖杯造型仿欧洲银器，飘带束花也是欧洲18世纪后半叶
瓷器上流行的装饰图案。①

---

① Maria Antónia Pinto de Matos and Rose Kerr. 2016. *Tankards and Mugs: Drinking from Chinese Export Porcelain*. London & Lisbon: Jorge Welsh Research & Publishing, p. 76.

透明珐琅菱形纹盒
Basse-taille Enamel Box with Diamond Patterns

19 世纪上半叶
高 4.3 厘米 宽 5.8 厘米 底径 3.5 厘米
香港中文大学文物馆藏（无名氏惠赠）

　　18世纪晚期至19世纪，销往泰国的广珐琅，主要与皇室和宗教有关。以渣斗、水罐、盒子、带座盖碗、茶壶和杯子组成的成套广珐琅槟榔器具，是泰国皇室和贵族身份地位的象征[1]。

　　此盒呈瓜棱形，表面及内里遍施蓝色珐琅，并满布金银箔片组合而成的花卉、叶脉、纹饰带。蓝色珐琅地、金色花叶、罩透明绿珐琅银叶以及红色珐琅花心对比鲜明，色彩华丽。几何形边框内饰花卉并满布器表是暹罗皇家金银器上的常见纹样。

　　盒内底中心银片上有"兆记"戳印。盖钮似缺失。

铜胎画珐琅塔形盖碗
19 世纪
英国维多利亚及艾尔伯特博物馆藏
（藏品编号 428-1894）

底款

第三单元　声名远播

---

[1] 许晓东：《清代外销金属胎画珐琅》，《中国国家博物馆馆刊》2019年第8期，第110～122页。

第三单元·第三节

国内市场

　　自 18 世纪末开始，清宫广珐琅需求锐减，广东地区的私人贸易兴起。广珐琅制品上开始流行八仙、水浒、西厢记、金榜题名等明晚期以来版画上常见的民间风俗故事或喜庆寓意题材。开放的市场带来了更多样化的需求，书署作坊或工匠名款的广珐琅开始出现。鸦片战争后，国门大开，商号款更为多见，金属胎画珐琅生产甚至扩大到了至天津、北京等城市。

广珐琅庭院人物图盘（背署陈恭尹诗）
清 乾隆早期
海外私人收藏

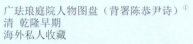

广珐琅山水图盘 （背署屈大均诗）②
清 乾隆早期
海外私人收藏

①、②　Maria Antónia Pinto de Matos, Ana Moás, Ching-fei Shih. 2021. *The RA Collection of Chinese Enamelled Copper. A Collector's Vision*. Lisbon/London: Jorge Welsh Research & Publishing. pp.86-93,98-99.

第二单元　声名远播

另一面开光

| 45 |

四曲山水图茶提梁壶
Lobed Pot with Landscapes

18 世纪下半叶，乾隆
通高 17.3 厘米　宽 23.6 厘米　底径 9.5×8.4 厘米
香港中文大学文物馆藏（钟棋伟先生惠赠）

　　壶身呈四曲形，四面开光内绘山水、泛舟、行旅图，山水作近、中、远景布局，人物、林木、花草等均逸笔草草。开光间饰缠枝莲纹及饰蓝色花的小开光。器底为红色小花。

　　壶的流、颈、提梁等部位还装饰有黑色卷草纹。流与壶身的结合部位装饰有兽首。

壶外底

锦地开光山水图提梁壶
Kettle with Landscapes in Framed Panels on
Brocade Backgrounds

18世纪下半叶，乾隆
通高 19.1 厘米 长 13 厘米 宽 8.5 厘米
深圳市南山博物馆藏

　　壶身以淡粉色毯路锦纹为地，四面开光，绘山水图景。水岸苍松，画中人在抚琴、骑驴、坐车。此壶敷彩淡雅，唯人物面部无表情或比较粗糙。壶颈部的卷草纹显示出其较晚阶段的特色。

另两面开光

底款

| 47 |

山水图盘一对
Pair of Plates with Landscapes

18 世纪中期，乾隆
高 3.5 厘米　口径 21 厘米　底径 13.7 厘米
香港中文大学文物馆藏（世德堂惠赠）

　　此对盘内绘山水图景，其一奇峰耸立正中，有栈道、飞瀑、山下屋舍和近景行人；另一盘水面开阔，有帆船、行旅、岸旁凉亭及绝壁山石。设色清新淡雅，尤其山石皴法颇为老练。

　　盘沿绘有灰地白彩的夔龙五条，首尾相连。盘外壁也装饰有灰蓝色的夔龙纹。盘底还署有"亦奇"二字。

山水图盘一对
Pair of Plates with Landscapes

18 世纪中期, 乾隆
高 3.5 厘米 口径 16.2 厘米 底径 10.3 厘米
香港中文大学文物馆提供（怀海堂藏）

　　此对盘都绘有城门、楼阁、帆船、行旅和山石风景, 但细节
处又不尽相同。借窗和门表现透视, 构图也有近景岸、中景水和
远景群山的不同。

　　盘沿为一周黄地缠枝西番莲纹, 盘外壁装饰有三条蓝色螭
龙, 盘中心是蓝色的团螭纹。

外底

第三单元　声名远播

| 49 |

山水图蒜头瓶
Vase with Garlic-shaped Head and Landscapes

18 世纪中期，乾隆
高 18.9 厘米 口径 2 厘米 腹径 11 厘米 底径 5.1 厘米
深圳市南山博物馆藏

　　瓶口作蒜头式，饰蕉叶纹。颈肩交接处饰毯路花卉纹。腹部主体纹饰为山水人物图。

　　蒜头瓶本为起源于战国秦地的一种铜质或陶质的小口细颈瓶，盛行于秦汉时期，后代多有复古仿作，材质亦不限于青花、五彩、珐琅等。

| 50 |

观太极图盘
Tray with Three Scholars Viewing a Taiji Scroll

18 世纪晚期至 19 世纪初，乾隆 / 嘉庆
高 3 厘米 长 26.3 厘米 宽 19.6 厘米
香港中文大学文物馆藏（世德堂惠赠）

　　盘内绘文人树下观画，画中有太极图形。盘右上部有"图中观太极，松下问家童"题字，并白文"瑚□"方印。盘底有四足，中心绘梅花图轴，并白文"瑚□"椭圆印。

　　作为艺术题材的观太极图的出现或始于明代，推测由北宋周敦颐与友人研讨《太极图说》的故事演变而来。[1]图中老者相聚共观太极图，寓意安享晚年，属祝寿图像之一。

底款

① 吴妍、吴巍巍：《从文学到民俗：古建装饰艺术形态的演化与发展》，《福州大学学报（哲学社会科学版）》2021年第2期，第35～39页。

八仙图盘
Tray with Eight Immortals

18 世纪下半叶，乾隆
高 2.3 厘米 长 30 厘米 宽 20.4 厘米
香港中文大学文物馆藏（大学购藏）

　　盘内绘八仙图，左侧曹国舅拍笏板，韩湘子吹笛，铁拐李鼓掌，汉钟离倚罐入睡，右侧酒缸旁的蓝采和向张果老递杯，吕洞宾搀扶在侧，何仙姑手持莲蓬望向三人。盘底装饰有蓝色蟠螭纹，并有楷书"焕琚"二字底款。

　　"八仙"题材自宋元以来便流行于民间艺术中，明清尤甚，更有八仙过海、八仙拱寿等表现形式。[1]此八仙图中各显神通的仙人们在饮酒、演奏、休憩，画面极富生活气息。

底款

① 周丽丽：《瓷器八仙图研究》，《上海博物馆集刊第五期》，上海：上海古籍出版社，1990年，第150～165页。

| 52 |

八仙图盘
Plate with Eight Immortals

18 世纪下半叶，乾隆
高 3 厘米　口径 21.8 厘米　底径 13.3 厘米
香港中文大学文物馆藏（世德堂惠赠）

　　此盘主画面绘八仙，画面云雾缭绕，人物色彩丰富，又有浓淡变化，仙气十足。

　　传说八仙本是凡人，经度化而成仙。八仙人物组合历来多有变化，直到明代中后期才逐渐固定下来，更衍化出一系列丰富的度化情节和完整的师承体系，集中体现在吴元泰所撰小说《八仙出处东游记》中。[①]

————————————————————

① 陈万鼐：《八仙的美学》，《故宫文物月刊》第296期，2007年，第100～107页。

仙姬送子图镜
Mirror with Image of a Story

19世纪下半叶，咸丰
长 23.3 厘米 宽 16 厘米 厚 1.8 厘米
香港中文大学文物馆提供（怀海堂藏）

镜背绘空中怀抱婴儿的仙女与地上拱手作揖的男子，即董永遇仙戏曲中"仙姬送子"的桥段。

董永遇仙的故事在三国曹植《灵芝篇》中已有记载[1]，送子情节或迟至唐代出现。敦煌出土变文中有"娘子便即乘云去，临别分付小儿郎"一段。[2]明清时期，"仙姬送子"题材在民间广为流行，传达了孝道及添丁进口、多子多福的世俗愿望。

① 〔宋〕郭茂倩编：《乐府诗集》下册，上海：上海古籍出版社，2016年，第677页。
② 郭在贻、张涌泉、黄征：《敦煌变文集校议》，长沙：岳麓书社，1990年，第90、91页。

张敞画眉图执壶
Jug with a Picture of Zhang Chang Penciling His Wife's Eyebrows

19 世纪下半叶，咸丰
高 27 厘米 宽 20.2 厘米 底径 9.4 厘米
香港中文大学文物馆提供（私人收藏）

　　执壶曲柄作竹节式，以竹枝、竹叶形状装饰器壁、口沿，造型别致。壶身圆形开光内绘一女子执镜端坐、一男子正提笔落在女子眉角处，再配以捧盒侍女及挂画、瓶花、桌案等室内陈设，描绘的当是"张敞画眉"的故事。

　　"张敞画眉"的典故来源于《汉书·张敞传》[①]，后世常用来比喻夫妻恩爱。作为装饰纹样，该题材在清代版画、瓷器、竹雕等工艺上多有运用。

《人物故事图》屏之《张敞画眉》
清　何宝林
湖南博物院藏

---

① 〔汉〕班固撰、颜师古注：《汉书》卷76《张敞传》，北京：中华书局，1960年，第3216～3226页。

第二单元　声名远播

| 55 |

开光山水图方盒
Box with Landscapes in Framed Panels

18 世纪中期，乾隆
高 3.5 厘米　长 6.8 厘米　宽 5.5 厘米
中国（海南）南海博物馆藏

　　盒身以粉色万花纹打底，四面开光，内绘山水楼阁。盒盖蓝地黑色卷草纹并一山村图，盖内亦绘群山水榭，设色自然。盒外底绘折枝花果。

　　此盒或作鼻烟盒之用，小巧精致，盖、身以铜活页连接，与口沿处的金色边缘融为一体，别具匠心。

开光山水西洋人物图手炉
Hand Warmer with Westerners and Landscapes in Framed Panels

18 世纪下半叶，乾隆
高 14 厘米 底径 14.8×11.6 厘米
香港中文大学文物馆提供（承训堂藏）

炉身两侧开光均绘欧洲港口贸易图。其一开光内以水、岸为界构图。右侧绘前景，西洋人物正在推着橡木桶，一只小狗向对岸张望。左侧绘远景海港，插着桅杆的船舶停留港口。

这种港口贸易图景常取材自 17、18 世纪的欧洲海港城市景观，同类主题的版画在欧洲十分流行，也是 18 世纪上半叶德国梅森瓷器上的流行装饰纹样。

仿雅克·卡洛特港口
François Collignon, 1628～1635 年
荷兰阿姆斯特丹国立博物馆藏（藏品编号 RP-P-OB-21.131）

另一侧开光

花果飞蝶纹荷叶形盘
Plate with Flowers, Fruits and Butterflies in the Shape of a Lotus Leaf

18 世纪末至 19 世纪初，乾隆／嘉庆
高 4.1 厘米　口径 26.5 厘米　底径 18.2 厘米
香港中文大学文物馆藏（钟棋伟先生惠赠）

　　盘作荷叶形，内勾经脉，并绘折枝花果和蝴蝶，栩栩如生。清宫旧藏另有荷叶形的铜胎画珐琅盒和笔掭。俄罗斯冬宫也收藏有一件如本品的荷叶盘。[①]但总体来说，以绿色珐琅彩为地的相生形画珐琅器并不多见。

铜胎画珐琅荷叶式盒
清 乾隆
台北故宫博物院藏（藏品编号故珐 000372）

① Tatiana B. Arapova. 1988. *Kita Skie Raspisnye mali: SobranieGosudarstvennogo Rmitazhsa (Chinese Painted Enamels: A Collection of the State Hermitage Museum)*. Moscow: Iskusstvo, fig.237.

| 58 |

花蝶瓜果纹盘一对
Pair of Plates with Flowers, Butterflies and Fruits Designs

18 世纪末至 19 世纪初，乾隆／嘉庆
高 2.6 厘米 口径 19 厘米 底径 13.3 厘米
香港中文大学文物馆藏（钟棋伟先生惠赠）

　　盘心绘有多种花果，如广珐琅上常见的佛手、香橼、桃实和月季等。近口沿为一圈矛尖纹。

　　矛尖纹是纹章瓷上的常用纹饰，雍正年间外销瓷上普遍有此装饰。但广东画珐琅器上装饰的矛尖纹比较窄长，且少用八方锦纹，多属乾隆五十五年(1790)以后的作品。[1]

① 尹翠琪：《宋锦之象：十八世纪广东珐琅与外销瓷的八方纹锦》，《美术史研究集刊》第 48 期，2020 年，第176、177页。

| 59 |

折枝花卉纹杯
Cups with Floral Sprays

19 世纪中后期，道光／咸丰
高 4.2 厘米 口径 5.8 厘米 底径 2.7 厘米
香港中文大学文物馆藏（世德堂惠赠）

　　杯身折枝花卉纹，其上下为如意云头各一周。宝蓝色珐琅
地，上绘白色折枝花卉，但表面亦有浅蓝敷色。施彩方式类似青
地白花的瓷器。

开光花卉蝙蝠纹海棠式花盆
Four-lobed Flowerpot with Floral and Bat Designs

18 世纪下半叶至 19 世纪上半叶，乾隆／嘉庆
高 11.4 厘米 长 32.9 厘米 宽 23.9 厘米
香港中文大学文物馆藏（无名氏惠赠）

　　花盆四面均绘有蝙蝠构成的开光，内饰花朵，开光间以缠枝花卉，花盆近足部饰一周莲瓣纹。与仿青花的白地蓝色图案相反，这些器物满覆蓝色珐琅彩。

　　17世纪晚期法国纳维尔（Nevers）生产的锡釉陶器，有与本品类似的蓝地白花效果。[1]大英博物馆藏一件铜胎画珐琅帽饰也是采用的蓝白二色珐琅彩装饰。[2]据此推测，广珐琅的这种特别装饰手法，可能受欧洲的影响。

---

[1] 冯明珠主编：《康熙大帝与太阳王路易十四特展：中法艺术文化的交会》，台北：台北故宫博物院，2011年，图版III-13，第157页。
[2] 藏品编号1928, 1015.1。

西洋风景人物图渣斗一对
Pair of Slag Buckets with Landscapes and Westerners in Framed Panels

18 世纪下半叶，乾隆／嘉庆
高 8.4 厘米 口径 7.2 厘米 底径 4 厘米
香港中文大学文物馆藏（钟棋伟先生惠赠）

　　此套渣斗腹部开光，内饰西洋人物与田园风光，是欧洲18世纪常见的绘画题材。

　　渣斗是用来盛装废弃食物的中国传统器具，唐宋时因用以放置茶渣、废水等，亦被视为茶具。[1]明清时期中式餐桌上也常配备有渣斗。

花果蕉叶纹渣斗
Slag Buket with Flowers, Fruits Decoration

19 世纪上半叶，嘉庆／道光
通高 10.2 厘米 口径 8.7 厘米 底径 4.7 厘米
香港中文大学文物馆藏（钟棋伟先生惠赠）

　　清陈浏《匋雅》："渣斗之小者，则漱具也。"此件分上下两部分。上部小杯可装水饮用或漱口，下部小罐存放废水。

　　清中期后，因吸食鸦片易生痰、口干，需要时常漱口和饮水，此类渣斗需求增加。[2]

---

① 〔元〕孔齐：《静斋至正直记》卷一，上海：上海古籍出版社，1987 年，第55页。
② 沈弘：《遗失在西方的中国史：〈伦敦新闻画报〉记录的晚清 1842-1873》，北京：北京时代华文书局，2014 年，第118页。

折枝桃花纹洗一对
Pair of Brush Washers with Floral Sprays

19 世纪下半叶，咸丰
高 3.6 厘米 口径 11.3×6 厘米 底径 8.3×3.5 厘米
香港中文大学文物馆藏（世德堂惠赠）

　　器内外均施松绿色珐琅彩，外壁绘折枝桃花几簇。口沿为三只勾连蝙蝠，望向器内底绘的牡丹。本品胎体厚重，敷色清雅，口沿处的蝙蝠设计别具匠心。

底款

| 64 |

瓷胎画珐琅花卉纹碗
Enamelled Porcelain Bowl with Floral Patterns

18 世纪下半叶，乾隆
高 5 厘米 口径 11 厘米 底径 5 厘米
香港中文大学文物馆藏（承训堂惠赠）

　　碗内壁施湖绿色珐琅釉，外壁于红色珐琅地上绘果实、花卉等纹饰，口沿处描金，仿铜胎画珐琅质感。碗底有"乾隆年制"款。

　　画珐琅工艺在铜胎、瓷胎上的尝试运用可追溯至康熙晚期。以珐琅彩施绘于景德镇产的白瓷胎体之上是广彩的典型做法。

【金属胎画珐琅器的款识】

广珐琅器上的款识多有标明堂号，如常见的"彩华堂制""于斯堂""庆祐堂制""敬华堂制""兆记"等[1]；另有一些款识明确指示了作坊与广州相关，比如"羊城协隆造""粤东省城小圃南约许燕记造""粤东省城濠畔西约义和祥造，陈敦厚堂""粤东大新安和生造"等[2]。

| 65 |

"千秋如意"八宝西番莲纹碗
Bowl with Lotuses, Auspicious Characters
and Eight Buddhist Emblems

18 世纪下半叶，乾隆／嘉庆
高 6.2 厘米 口径 14.6 厘米 底径 5.6 厘米
香港中文大学文物馆藏（钟棋伟先生惠赠）

碗底有"彩华堂制"款。但八宝、西番莲纹的布局、造型体现出对宫廷用器的模仿。

底款

① 广州十三行博物馆编：《广州十三行博物馆藏铜胎画珐琅》，广州：岭南美术出版社，2020年，第147、192、194页。
② 广东省博物馆编：《臻于至美：广珐琅特展》，广州：岭南美术出版社，2020年，第76、78、80、208～211页。

"福寿如意" 八宝西番莲纹盘
Plate with Lotuses, Auspicious Characters and
Eight Buddhist Emblems

18 世纪下半叶，乾隆／嘉庆
高 3.1 厘米 口径 16.6 厘米 底径 11 厘米
香港中文大学文物馆藏（钟棋伟先生惠赠）

盘底有"彩华堂制"款。内外口沿均饰描金如意纹。

"彩华堂制"款器风格相对统一，纹样与乾隆款"万寿无疆"
盘、碗的形制、纹饰高度相似，但用色、质量稍差。然而，两岸故
宫旧藏甚少"彩华堂制"款金属胎画珐琅器。推测生产商家或作
坊与官方有一定关系，能够接触到官样并进行仿制，藉此凸显
自家的竞争特色。

外底

| 67 |

清供图菱花式盘
Foliate-rim Plate with a Picture of Pure Offerings

18世纪晚期，乾隆／嘉庆
高 3.9 厘米　口径 27.5 厘米　足径 18.8 厘米
香港中文大学文物馆藏（大学购藏）

　　盘呈四曲菱花式，盘心浅蓝偏灰白珐琅地上饰博古花瓶一，内插牡丹花枝以及戟、磬。周围按逆时针方向绘画轮、珊瑚枝、伞、螺、蝙蝠、鱼、幢、吉祥结，描绘细腻，色彩柔和。盘背施柠檬黄色珐琅地，近口沿处相间装饰蓝色珐琅没骨缠枝及藤蔓葡萄各二，其上描金。

　　盘底中央署篆书"万延永制"款。

外底

260

描金折枝花卉藤蔓果实昆虫纹碗
Bowl with Floral Spray, Vine, Fruit, and Insect Designs

18 世纪末至 19 世纪初期，乾隆／嘉庆
高 11 厘米 口径 21.9 厘米 底径 11.3 厘米
香港中文大学文物馆藏（无名氏惠赠）

　　器表于蓝色珐琅地上装饰月季花束、藤蔓葡萄、瓜藤、花枝，其间点缀水仙与金龟子、蝴蝶与小花、蜻蜓与红萝卜、灵芝与蜜蜂四组植物昆虫。碗底蓝色珐琅篆书"万延常制"款。碗内壁遍施白色珐琅。

　　乾隆、嘉庆时期于广州订制的仿掐丝青铜和仿景泰珐琅之蓝、绿珐琅地金彩画珐琅器，也大量使用金线勾勒模仿掐金丝效果。①

　　故宫博物院藏牡丹纹画珐琅唾盂，内胆器表即于蓝色珐琅地上绘金色折枝花卉纹②，与本品类似。

底款

① 张丽：《描金画珐琅刍议》，《故宫博物院院刊》2003年第4期，第25～32页。
② 藏品编号故00116542。

| 69 |

"寿"字长方盘
Rectangular Tray with Characters for Longevity

19世纪下半叶
高 1.7 厘米 长 30 厘米 宽 19 厘米
香港中文大学文物馆藏（无名氏惠赠）

　　盘最外缘为一周莲瓣纹，次为团"寿"加长"寿"字一周。盘心为圆形色块，内有萝卜、竹子、动物、小鸟、花卉、屋舍等图案；叶形、书简形上可辨认出有"君之""富贵""忠心父之所""人之子""贵心慈悲"等字样。

　　盘外底有"粤东大新安和生造"款识。此处的"大新"所指当为《旧中国杂记》中提及的邻近广州十三行的商业街之一大新街。①

底款

① 丁蕾：《清代广州城内珐琅商铺初探》，广东省博物馆编：《臻于至美：广珐琅特展》，广州：岭南美术出版社，2020年，第208～211页。

锦地开光山水图火锅
Hot Pot with Landscapes in Framed Panels on Brocade Backgrounds

18 世纪下半叶，乾隆
通高 17.7 厘米 宽 25.4 厘米
香港中文大学文物馆藏（世德堂惠赠）

　　火锅四立面开光内绘山水图景，有屋舍、渔船、小桥及出行的老人、童子、农夫等，但人物五官并未绘制。开光外装饰卍字锦纹，上沿为白地蓝色凤纹，下沿为缠枝西番莲配红色蝙蝠纹。器盖开光内绘蝙蝠、磬戟、如意、华盖、团扇等纹饰。总体纹饰风格较晚。

　　广珐琅铜火锅在故宫博物院和英国维多利亚与艾尔伯特博物馆均有收藏[1]，推测主要供应国内市场。

---

① 故宫博物院藏品如故00118385，英国维多利亚与艾尔伯特博物馆馆藏
与本品近似，藏品编号为C. 111-1947。

结语

习近平总书记指出："人类历史就是一幅不同文明相互交流、互鉴、融合的宏伟画卷。"广珐琅的创烧与发展历史，正是这一宏伟画卷中的精彩华章。

新时代背景下，同处粤港澳大湾区的香港与深圳的文博同行，将以更宽广的胸怀，深入开展多领域合作，积极弘扬中华优秀传统文化与世界优秀文明交流互鉴成果，努力开创多元互动的人文交流格局，为大湾区文化建设助力赋能。

Conclusion

As General Secretary Xi Jinping pointed out, "The history of mankind is a process of active exchanges, interactions, and integration among different civilizations." Hence, Canton Enamels, as evidence of East-West exchange in the 18th century, also rendered a meaningful chapter in this magnificent process.

Located in the Guangdong-Hong Kong-Macao Greater Bay Area, museums in Shenzhen and Hong Kong will cooperate closely in multiple disciplines, such as promoting excellent traditional Chinese culture and the outstanding world civilizations, encouraging cultural exchanges of cities to create an interactive platform, thus contributing to the cultural integration of the Greater Bay Area.

专题论文

广珐琅的起源及早期面貌

深圳博物馆　郭学雷

广珐琅（Canton enamel），广州铜胎画珐琅之简称，在中国亦称"洋磁"[1]，是 18 世纪以来，最具岭南特色的重要工艺品之一。有清一代，其曾广销欧州、北美、西亚和南亚等地区[2]，兼及国内市场，并进贡清廷。广珐琅的创始与流行，是清康熙年间开海解禁后，东西方经济、文化交流日臻兴盛的背景下，中西文化与工艺深度融合的结晶。遗憾的是，这一凝结了东西方共同智慧的岭南工艺名品，早期的发展历史与面貌，仍混沌不清，其主要成就与历史地位更无法得到客观公正的认识与评价。

本文拟在对广珐琅相关收藏、展览、著录及研究史回顾总结的基础上，利用海内外丰富的广珐琅遗存，以广珐琅相关文献、纪年与铭文器物的考察为核心，对广珐琅的起源作出探索，并力求对其早期面貌、主要成就及历史地位有一个大致的了解。

一、 收藏、展览、著录与研究史回顾

18 世纪广珐琅的消费，主要面向海外和清廷，国内也有流通，大量优质广珐琅主要集中在海外各大博物馆、拍卖行及古董商手中[3]。故宫博物院、台北故宫博物院的

1　唐秉钧：《文房肆考图说》卷三："从两广来者，世称为洋磁，亦以铜作骨，嵌磁烧成。尝见炉、瓶、盏、楪、澡盘、壶、盒等器，虽甚绚彩华丽而欠光润，仅可供闺阁之用，非士大夫文房清玩也。"清乾隆刻本 。

2　Stephen W.Bushell, C.M.G., B.Sc., M.D., *Victoria and Albert Museum Handbook, Chinese Art.* Volume II, London: Printed for His Majesty's Stationery Office, 1910.pp.85, 86.fig.102, 103.

3　海外广珐琅收藏主要见于大都会艺术博物馆、费城博物馆、皮博迪·艾塞克斯博物馆、华盛顿史密森学院、旧金山亚洲艺术博物馆、英国大英博物馆、维多利亚及艾尔伯特博物馆、牛津阿什莫林博物馆、俄罗斯艾尔米塔什博物馆、瑞士温特图尔博物馆、挪威奥斯陆文化历史博物馆、新加坡国立博物馆等。曼谷卧佛（Wat Pho）寺院及欧美藏家也有数量不等的广珐琅重要收藏。海内外拍卖行、古董商手中也不乏广珐琅精品。

广珐琅皮藏，主要是清廷通过粤海关成做的贡品。香港及国内等文博机构也有数量不等的广珐琅收藏[4]，其中不少是近年从海外回流，其总体数量、品类、质量，远不及海外。

早在 20 世纪初，英国著名东方学家卜士礼（S.W.Bushell）即在《中国美术》中专辟章节，论及广珐琅的称谓、工艺来源、市场行销、与广彩的关系等，这是欧洲学者最早有关广珐琅的系统论述[5]。1954 年，英国学者霍尼（W.B.Honey）首次论及与画珐琅起源密切相关的玫瑰红（Famille Rose，中国称洋红或胭脂红）在欧洲的起源及与中国画珐琅的关系，认为其工艺大约在康熙末年传入中国[6]。尽管英国学者在广珐琅研究方面占得先机，但首次中国画珐琅展览，却于 1957 年在美国威明顿特拉华艺术中心举办，119 件组画珐琅作品与中国外销瓷同时展出。该展首次关注到康熙广珐琅，2 件重要的天主教图记广珐琅碗首度亮相[7]。1966 年，索姆·杰宁斯（Soame Jenyns）著《中国美术》，专辟"广珐琅"一章，首次披露法国传教士冯秉正（Joseph-Anne-Marie de Moyriac de Mailla，1669～1748）、意大利那不勒斯教士马国贤（Matteo Ripa，1692～1745）的著名信件、日记，并对广珐琅相关问题，做了系统梳理与思考，是广珐琅研究史上又一重要成果[8]。1967 年，哈利·加纳（Harry Garner，1891～1977）著名的《玫瑰红的起源》一文发表。这是继霍尼之后，有关"玫瑰红"起源与铜胎画珐琅领域又一重要研究[9]，对早期广珐琅做了迄今为止最精细的实物观察与分析，极大地拓展了对早期广珐琅的认知。1969 年，劳埃德·海德（J.A.Lloyd Hyde）整合收藏家和博物馆相关藏品，在美国纽约举办首次中国画珐琅专题展，并出版首部中国画珐琅专题著录。书中收录许多广珐琅优秀作品，尤以一批早期广珐

4　香港中文大学文物馆、香港艺术馆、中国国家博物馆、故宫博物院、广东省博物馆、广州市博物馆、广东民间工艺美术馆、广州十三行博物馆、深圳南山博物馆、东莞博物馆、天津博物馆、西藏布达拉宫、沈阳故宫博物院等均有数量不等的广珐琅收藏。

5　Stephen W.Bushell, C.M.G., B.Sc., M.D., *Victoria and Albert Museum Handbook, Chinese Art*, Volume II, London: Printed for His Majesty's Stationery Office, 1910.pp.82-86. 卜士礼指出："中国铜器上之画珐琅，通称洋瓷，盖表明其技艺之学自外人也，又名广州珐琅，因广东省城为制此之中心点也。广东工人常自景德镇购瓷器及制铜器，运至省城中，用同样彩色珐琅装饰之，惟瓷器不名洋瓷，而名曰洋彩，盖洋彩瓷之省称也。"他在述及英、荷诸国在广州定制纹章瓷器及其他物品时又称："所造之物品，有为瓷器上绘珐琅者，有为铜器上绘珐琅者，有时种类相异之物品为同一之装饰。"卜士礼还指出，中国的画珐琅工艺源自法国利摩日、英国巴特西，法国利摩日工艺，被早期法国传教士带到了中国加以模仿，还首次提及针对印度、波斯、南亚市场的广珐琅。

6　William.B.Honey, *The Ceramic Art of China and other countries of the far East*, London Faber and Faber, 1954.pp.151-152. 霍尼在谈到与画珐琅起源密切相关的玫瑰红起源时指出：被后世称之为粉彩系列的不透明的玫瑰红色，是在康熙末年的某个不确定的日期被引入中国的。它起源于欧洲，在欧洲发明近半个世纪才被中国瓷器采用。其起源大约可以追溯到 16 世纪。荷兰莱顿的安德烈亚斯·卡修斯（Andreas Cassius）用氯化金和锡制成了以他的名字命名的玫瑰色。其在陶器上的首次使用约在 1680 年左右，以德国纽伦堡的珐琅匠沃尔夫·罗斯勒（Wolf Rossler）等人为代表。玫瑰红和其他与之相关的不透明颜色被中国人称为洋彩或粉彩，这表明西方的珐琅是它们的来源。最近，中国方面争论说，"珐琅"一词肯定是指景泰蓝的珐琅制品，而带有洋彩的器物是从康熙二十年（1682）开始制作的。虽然这一时间似乎早早得令人难以置信，但可以肯定的是，在康熙统治结束之前的某段时间，中国的陶工已开始使用玫瑰粉色和深红色。

7　*Chinese Export Porcelain and Enamels*, Exhibition, Sept.25-Oct.27, The Wilmington Society of the Fine Arts, Delaware Art Center Building, Wilmington, Descriptive text by David Hunt Stockwell.1957.fig.332, fig.290, fig.338.

8　Roger Soame Jenyns and William Watson, *Chinese Art: Gold, Silver, Later Bronzes, Cloisonné, Cantonese Enamel, Lacquer, Furniture, Wood*, publishded in the United States of America by Rizzoli internatingnal publications, inc.1980.P.143-172. Roger Soame Jenyns 根据冯秉正信件的内容，指出清廷通过法国传教士或广东的商人，于康熙五十二年（1713）或五十三年（1714）建立起北京的珐琅作坊。他还深入探讨了广珐琅可能的创烧时间，指出 George Soulié de Morant 认为珐琅技术于康熙二十二年（1683）被外国传教士引入广东的提法，并无可靠证据支持。Roger Soame Jenyns 也认为中国画珐琅创烧的时间，与玫瑰红首次引入时间密切相关，重新审视与广珐琅起源时间密切相关的大英博物馆藏"又辛丑年制"玫瑰红碗，赞同霍布逊（Robert L. Hobson）认定该碗为康熙六十年（1721）制的观点，认为玫瑰红在康熙末年已非常成熟，对当时学界出现的质疑霍布逊观点的趋势，并不认同。

9　Garner Harry, *The Origins of Famille Rose*, Transactions of Oriental Ceramic Society, vol 37, 1967.pp.1~16. 该研究涉及欧洲利摩日珐琅、德国南部珐琅与中国珐琅工艺的来源，还对法国吉美博物馆藏康熙景德镇五彩仿利摩日风格瓷器、天主教图记广珐琅器、"又辛丑年制"款瓷器与"甲辰花朝写于珠江精舍"款瓷器的年代，及最早使用玫瑰红的纹章瓷等进行了辨析与考证。

琅最为重要[10]。1978 年，迈克尔·吉林厄姆（Michael Gillingham）在英国牛津大学阿什莫林博物馆，成功策划举办了中国画珐琅专题展（下文简称牛津展）。此次展览展品数量大、品类多、质量高，聚焦早期广珐琅、天主教题材、胭脂红釉器物年代等，有力推进了该领域的研究[11]。1982 年，朱家溍通过对清代档案的耙梳，对参与清宫珐琅制作的技术人员、书画家，以及画珐琅的设计、修改、烧造地点等做了深入细致的考证，功德无量[12]。1988 年，俄罗斯艾尔米塔什博物馆出版该馆收藏中国画珐琅专集，收录了目前海外所见该领域最丰富和最具质量的藏品，著者对该批藏品的特征、装饰、断代均作出有益探索。其中对早期广珐琅的认识，颇为精到[13]。1993 年，哈利勒·瑞兹（Khalil Rizk）等编著的《18 世纪的中国画珐琅》出版。该书是自 1978 年牛津展以来，海外画珐琅藏品又一重要辑录。书中认定的 10 余件套康熙年间的早期广珐琅，今天看来，仍经得起考验[14]。2010 年，许晓东从清宫档案入手，对广珐琅烧造与宫廷在人才、原料等方面的互动作了新的探索，让我们对两者之间的互动有了诸多新的认知[15]。2012 年，施静菲就清前期广珐琅制作、粤海关广珐琅活计成做、广珐琅风格特色作了有益探索[16]。不久，她又与王崇齐厘清一批被误定为清宫自制的铜胎画珐琅实为"广珐琅"贡品[17]。之后施静菲又发表专文，试图重建清早中期广珐琅生产的可能样貌[18]。2014 年，故宫博物院启动了中法学者共同参与的"中国珐琅历史研究"项目（2015 ～ 2020 年），旨在研究各种介质（金属、玻璃和陶瓷）的珐琅工艺，以及各种装饰珐琅工艺，已取得阶段性成果[19]。2015 年，豪尔赫·威尔士（Jorge Welsh）、约格（Christiaan

10　J.A.Lloyd Hyde, *Chinese Painted Enamels from Private and Museum Collection*, China Institute in America New York, China House Gallery, 1969.J.A.Lloyd Hyde 曾参与 1957 年威明顿特拉华艺术中心珐琅展。该书收录的西洋人物觚瓶（fig.1），"圣家族"图盘（fig.3），四件一套的西洋人物画片（fig.4），西洋人物手镯（fig.5), 西洋人物烹茶图碗（天主教图记）(fig.20), 圣母玛利亚与圣子图画片（fig.50），西洋人物海棠盘（fig.52）等，都是难得的早期广珐琅作品。

11　Michael Gillingham, *Chinese Painted Enamels: Catalogue of an Exhibition Held in the Ashmolean Museum*, *Department of Eastern Art*, 1978. 迈克尔·吉林厄姆曾就职于约翰·斯帕克斯有限公司、基督教堂斯皮塔菲尔德修复信托基金、曾担任菲茨威廉博物馆发展信托基金董事，古董经纪人。他指出广珐琅中较重的作品年代最早，显示出的强烈个性装饰，与后期批量外销的产品截然不同。还特别关注到西洋人物、天主教主题及器物底部具有天主教图记的一组器物。他认为所见一系列西洋题材的珐琅画片，绘画用的是毛笔，从其人物面部的特质，似出自欧洲人之手，可能是早期的实验品；还把广珐琅盘碗类背面胭脂红的器物，与大英博物馆藏"又辛丑年制"（1721 年）的胭脂红碗相联系，指出这类制品是画珐琅中最成功的代表作品。吉林厄姆还提及了针对近东、中东、美国、印度、泰国市场的广珐琅产品。

12　朱家溍：《清代画珐琅器制造考》，《故宫博物院院刊》1982 年第 3 期，第 67~76 页。

13　Tatiana B. Arapova, *Kita Skie Raspisnye mali: Sobranie Gosudarstvennogo Rmitazhsa* (Chinese Painted Enamels: A Collection of the State Hermitage Museum), Moscow: Iskusstvo.1988. 著录包括 18 世纪末 19 世纪初，男爵斯蒂格利茨（A. L. Stiglitz）在欧洲拍卖会上的购藏；还有诸如斯特龙·加诺夫伯爵（Count A.S.Stron ganov）、叶公主（Princess Ye）、g.F.I.Paskevich 的王子 Saksen-Altenburg 等前王室藏品，形成了艾尔米塔什博物馆此类藏品的核心，涵盖了 18 世纪的早期到 19 世纪的后半叶的中国画珐琅制品。

14　Khalil Rizk, Jana Volf, Margaret Kaelin, *Chinese Painted Enamels of the 18th Century*, New York, The Chinese Porcelain Company, 1993. 这批藏品主要受益于两个杰出收藏家伊丽莎白·哈尔西和尤金帕金斯的收藏品、著名的拉菲·莫塔赫德收藏品，以及一些来源于英国和法国的收藏。该书定为康熙广珐琅制品的如下：开光西洋人物图碗（带天主教图记，fig.40），西洋人物图画片一组 4 件（fig.44），西洋人物图长颈瓶（fig.45），西洋人物图画片一组 2 件（fig.46），西洋人物图画片一组 2 件（fig.47），锦地开光天主教人物图海棠托盘（fig.48），锦地开光西洋人物图海棠托盘一对（fig.49），锦地开光人物图盘一对（fig.50），西洋人物图折沿盘一对（fig.51），积红地开光西洋人物图盖碗（fig.52）。

15　许晓东：《康熙、雍正时期宫廷与地方画珐琅技术的互动》，收录于故宫博物院、柏林马普学会科学史所编：《宫廷与地方：十七至十八世纪的技术交流》，北京：紫禁城出版社，2010 年，第 320~325 页。

16　施静菲：《日月光华：清宫画珐琅》，台北：台北故宫博物院，2012 年。

17　施静菲、王崇齐：《乾隆朝粤海关成做之"广珐琅"》，《美术史研究集刊》第 35 期，台湾大学艺术史研究所，2013 年，第 87~184 页。

18　施静菲：《清宫画珐琅与广珐琅》，《典藏读天下》2014，第 30~37 页。该文透过整理文献，探讨这些珐琅器上可见到的多重互动关系，包括实物、人力、原料、技术、风格的交流，为清宫画珐琅、粤海关负责造办的广珐琅及广东外销画珐琅的研究，提供一种探讨 18 世纪西洋、清宫与广东的动态交流的基础。

19　本项目是由近年来法国学者领导的创新研究与故宫博物院的合作倡议共同完成的。最初的合作是由蔡元培项目（中法校园学术委员会）从 2016 年开始支持的。

J.A.Jörg）首次披露一些荷兰有关中国外销广珐琅的文献，特别 1728 年居于荷兰海牙的英国大使切斯特菲尔德伯爵四世（Philip Dormer Stanhope）新发现中国金属胎画珐琅时写给妻子的信，为研究广珐琅在欧洲的行销，提供了难得的文献史料[20]。2018 年 3 月，香港特别行政区政府资助之研究计划"清代广珐琅研究"项目启动，并由香港中文大学艺术系和文物馆主办清代广珐琅工作坊。相关机构专家学者参加了工作坊，介绍了他们的研究心得及新动向[21]。2019 年，许晓东又对销往欧洲、北美、西亚和东南亚不同地区的广珐琅的造型、纹饰、功能、使用方式等进行了系统考察、梳理与总结[22]。

二、 广珐琅的起源

广州作为华南最重要的港口，长期在中外交流方面扮演重要角色。明清时期，广州更成为欧洲新奇舶来品、西方科技与文化进入中国的首站。康熙二十三年（1684），海禁解除，中国与欧洲的贸易急剧扩张。得益于独特的地理优势，广州在中西交流方面占尽先机并得领风气之先。广珐琅就是在这样的历史环境中应运而生。至于其何时创烧？还需从文献、实物等方面入手，作多方考察。

1. 广珐琅的前身——早期本土画珐琅

故宫博物院藏一件罕见的画珐琅仙人骑狮图梅瓶（图 1）[23]。杨伯达根据该瓶珐琅呈色及彩绘较拙的特点，将其时代定为清早期，并认为此瓶对探讨中国画珐琅起源具重要价值[24]。类似作品，还见于哈利勒·瑞兹等编著《18 世纪的中国画珐琅》中收录的画珐琅寿星图瓶（图 2）[25]。该书作者之一贾娜·沃尔夫（Jana Volf），更具体指出其是中国最早的康熙朝金属胎画珐琅。

以上画珐琅作品虽数量有限，但极为重要。笔者大致认同杨伯达与贾娜·沃尔夫的观点，不过并不同意贾娜·沃尔夫将这类画珐琅归入"康熙御制"铜胎画珐琅一群。从这类画珐琅装饰来看，其珐琅料颇为特殊，不见广珐琅或宫廷珐琅习见的胭脂红，绘画完全是中国传统的平涂法，未见丝毫西洋技法的影响。

这类画珐琅的蓝、紫、黄、翠、白的呈色，与康熙素三彩具共同的时代气息（图 3），还与一批康熙时期的银烧蓝的珐琅用色完全一致[26]。如艾尔米塔什博物馆藏一件银烧蓝执壶（图 4 左），局部的錾刻花纹就施有蓝、紫、黄、翠、白色[27]。这类康熙银烧蓝制品，应是借鉴了 15 世纪业已发达的欧洲珐琅工艺而来。特别是烧蓝工艺以蓝色为主基调的风格，以及蓝、紫、黄、翠 的色彩的呈现，均有模仿欧洲银錾胎珐琅的遗痕（图 5）。

20　Jorge Welsh (ed.) (Author), article by Christiaan J.A.Jörg (Author), *China of All Colours: Painted Enamels on Copper*, Jorge Welsh Research and Publishing, 2015. 约格在书中披露了荷兰东印度公司记录、商贾书信等文献中，有关画珐琅出口受到清廷禁铜出口影响的信息。他还根据切斯特菲尔德四世信的内容，认为伯爵所称的这组画珐琅，应属最早从广州外销到荷兰的其中一批。首次发表一批荷兰东印度公司、职员、荷兰瓷器店主、律师等珐琅收藏清单、拍卖价格等，是了解广珐琅在欧洲消费情况的难得材料。

21　发言学者与题目：香港中文大学胡昕汀《清代宫廷及民间市场的广东画珐琅研究》、香港中文大学许晓东《清代外销广珐琅》、香港中文大学尹翠琪《广东珐琅的纹饰来源初探：以蜂窝纹为例》、故宫博物院郭福祥《北京故宫博物院清宫所藏钟表上的广珐琅》、台湾大学施静菲《探寻广东珐琅的最初阶段》等。

22　许晓东：《清代外销广东金属胎画珐琅》，《中国国家博物馆馆刊》2019 年第 8 期，第 110~122 页。

23　故宫博物院编：《故宫珐琅图典》，北京：紫禁城出版社，2011 年，第 125 页、图 109。

24　杨伯达：《中国古代金银器玻璃器珐琅器概述》，收录于《中国美术全集·工艺美术编 10·金银玻璃珐琅器》，北京：文物出版社，1988 年，第 25 页。

25　Khalil Rizk, Jana Volf, Margaret Kaelin, *Chinese Painted Enamels of the 18th Century*, New York, The Chinese Porcelain Company, 1993.pp.2-4.

26　烧蓝工艺属于珐琅工艺的一种，以银或铜作胎，施以珐琅釉料烧制，因以蓝色釉料为主基调而得名。

27　俄罗斯艾尔米塔什博物馆藏一批迄今所见最重要和最丰富的康熙时期银烧蓝制品，详见该馆网站 https://www.hermitagemuseum.org。造型有提梁壶、执壶、高身执壶、三足尊、簋、桃形杯、倭角盘等。俄罗斯专家具体把这批中国银烧蓝制品的年代断在 17 世纪末至 18 世纪初，即开海后的康熙中期，正是中西贸易、文化交流开启新时代的关键时期。

图 1　画珐琅仙人骑狮图梅瓶
　　　故宫博物院藏

图 2　画珐琅寿星图瓶
　　　哈利勒·瑞兹等编著《18 世纪的中国画珐琅》收录

据康熙六十一年（1722）法国传教士殷弘绪（Père Francois Xavier d'Entrecolles，1664～1741）书信记载，康熙朝广州、北京的银烧蓝工艺业已成熟[28]。从以上两件特殊的画珐琅呈色与康熙时期银烧蓝珐琅用色完全一致的情形，结合早期广珐琅最初被称为"法蓝"的情况[29]，推测以上两件特殊的画珐琅很可能是从烧蓝工艺中衍生而来。

另从意大利著名传教士马国贤书信中得知，宫廷画珐琅作坊在初期实验中，曾使用过瓷器的彩料[30]。故推断两件特殊的画珐琅，在借鉴康熙朝银烧蓝工艺的基础上，还曾用景德镇瓷器彩料进行尝试。遗憾的是，因这类画

图 3　景德镇素三彩渔夫捕鱼图长方几
　　　清 康熙
　　　故宫博物院藏

28　The Second Letter from Père Francois Xavier d'Entrecolles of the Chinese and Indian missions Jingdezhen, 25.1.1722. "It is from this tsiu that one makes a dark purple. It is found in Canton, and comes also from Peking, but the latter is definitely better. It is sold for one tael, eight *mas* per pound. *Tsiu* is melted and when it melts or softens, silversmiths apply it in the form of enamel to works of silver. For example, they mount a small piece of tsiu on a ring, or they put it on the head of a hairpin and use it for jewelry. This kind of enamel comes loose in time, but to get around this problem, a thin layer of fish glue is used to hold it in place."（浓紫料是用这种"紫"制作的。它产在广州，也有从北京运来的。后者的质量远比前者好，……。"紫"能熔融。当它熔融或软化时，银匠就把它装饰在银器上。如用"紫"装饰戒指的整个外缘，或镶饰发针顶头，使之如同镶有宝石一般。这种景泰蓝式的装饰，天长日久会脱落下来，所以人们试着用鱼胶或牛胶作薄底料以加固之。）

29　中国第一历史档案馆、广州市荔湾区人民政府合编：《清宫广州十三行档案精选》，广州：广东经济出版社，2002 年，第 7 页。康熙五十五年九月初十日杨琳奏折。

30　George Loehr, *'Missionary-artists at the Manchu court, '* Transactions of the Oriental Ceramic Society, vol.34, 1962-3, p.55.

图4 左：银烧蓝山水人物图执壶康熙，俄罗斯艾尔米塔什博物馆藏
　　右：青花釉里红山水图盘，康熙"辛亥中和堂制"，1617年，故宫博物院藏

图5 银錾胎珐琅饰牌，尼德兰南部，15世纪，大都会艺术博物馆藏

还曾用景德镇瓷器彩料进行尝试。遗憾的是，因这类画珐琅的彩料，仅适用于平涂装饰，表现力有限。当更具表现力的西洋画珐琅兴起时，旋即被取而代之，湮没在历史的尘埃中了。

2. 相关文献的考察

英国学者霍尼是较早关注中国画珐琅早期历史的学者，曾指出：画珐琅被中国学者认为于康熙二十一年（1682）引入的看法，尽管不可能，但画珐琅上的玫瑰红和深红色肯定是在康熙末年之前引入的[31]。其后，索姆·杰宁斯引述乔治·苏利耶·德莫朗（M.Soulié de Morant）的《中国美术史》[32]，说乔治·苏利耶·德莫朗认为，外国传教士早在1683年就把画珐琅技术带到了广东，1685年再传到北京。但索姆·杰宁斯指出该说法并无任何可靠证据支持[33]。他又指出中国画珐琅创烧的时间，与玫瑰红首次引入时间密切相关，玫瑰红在康熙末年已非常成熟。他还指出郭宝昌认为玫瑰红引入中国的康熙二十一年（1682），时间太早了，而康熙五十六年

（1717）又太晚。很可能，广州引进画珐琅技术的时间比北方早。

显然，以往学界对广珐琅的创烧时间，以及画珐琅技术是先引入北京还是广州等问题，仍有争议，尚待解决。要厘清这些问题，需从相关历史文献入手。先来看几则史料：

康熙五十五年（1716）九月初十日朱批奏折：

广东巡抚奴才杨琳为呈验事。奴才访得广城能烧法蓝人一，名潘淳，原籍福建，住家广东。试验所制物件颇好。奴才令其制造法蓝金钮，欲连人进呈内廷效力……所有潘淳烧成法蓝时辰表一个、鼻烟壶二个、钮子八十颗合先呈验。[34]

康熙五十五年九月二十八日朱批奏折：

广东巡抚奴才杨琳为奏闻事……广东人潘淳能烧法蓝物件。奴才业经具折奏明。今又查有能烧法蓝杨士章一名，验其技艺，较之潘淳次等，亦可相帮潘淳制造……

31　Willam.B.Honey, *The Ceramic Art of China and Other Countries of the Far East*, London Faber and Faber, 1954.pp.151~152.

32　M.Soulié de Morant, *Histoire de l'art chinois de l'antiquité jusqu'à nos jours*, Payot, Paris, 1927.p.239.

33　R.Soame Jenyns and William Watson, *Chinese Art: Gold, Silver, Later Bronzes, Cloisonné, Cantonese Enamel, Lacquer, Furniture, Wood*, Published by Phaidon Press Ltd, 1981-2nd Edition.p.143, 149. 经查检 M.Soulié de Morant 的原文，竟未发现任何与广东引入珐琅技术相关内容，不知索姆·杰宁斯的引述究竟出自何处？

34　中国第一历史档案馆、广州市荔湾区人民政府合编：《清宫广州十三行档案精选》，广州：广东经济出版社，2002年，第7页。

洋法蓝料，并潘淳所制法桃红颜色的金子掺红铜料等件，交李秉忠代进。尚有已打成底子，未画、未烧金钮坯，亦交李秉忠收带，预备到日便于试验。[35]

意大利著名传教士马国贤于康熙五十五年三月写道：

康熙帝对欧洲珐琅器及珐琅彩绘的新技法着了迷，想尽办法将画珐琅技术引进他在宫中已设立的作坊中，结果是用过去瓷器上彩料，以及他设法得到的几件欧洲珐琅器，制作画珐琅这件事变得可行。为了也要有欧洲的画匠，他指派我和郎世宁用珐琅彩料来彩绘。[36]

康熙五十七年（1718）九月初九日两广总督杨琳（？～1724）恭进珐琅匠役事奏折：

有广州监生龙洪健、民人林朝楷（楷）、何嘉璋等禀称：洪健等粗知法琅，祈试验手艺，应否送京效力等语，奴才即传进衙门，令其制造，所制白料洁白光亮，红料鲜明，今制成积红杯盘一对，盖碗一对，画片八件呈样。龙洪健等三人随带制就白料一百二十觔，红料一觔，于九月初九日，差人送京应役，为此奏闻。[37]

康熙五十五年九月初八日广西巡抚陈元龙（1652～1736）的谢恩奏折：

恩赐珐琅宝器四种，并非内府工匠所造，乃经圣心指授，从格物致知之理，推求原本烧炼而成，从未颁赐臣下。……迩年始有洋珐琅器皿，略觉生动。西洋人夸示珍奇，以为中国人虽有智巧，不能仿佛。乃我皇上于万

几之暇，格其理，悟其原，亲加指示，熔炼成器，光辉灿烂，制作精工。遂远胜洋珐琅百倍[38]。

法国传教士冯秉正于康熙五十九年（1720年）从热河写给巴黎的信：

在我去年的信中……我提到兄弟安泰和陈忠信的平安抵达，并在北京受到了康熙皇帝的首次接见和热烈欢迎……第一，他抵达后发现中国人并非完全无视珐琅的制作过程。事实上，虽然中国工匠应皇帝的要求开始试验制作画珐琅不过短短的五、六年时间，他们已经取得了相当的进步。[39]

以上文献已引起多位学者的关注。吕坚依据上揭康熙五十五年杨琳奏折提出，康熙时，西方画珐琅制品及原料已传入我国沿海地区[40]。许晓东依据上揭陈元龙奏折、冯秉正信函等，认为康熙五十五年前后是清宫珐琅活动突破之时[41]。施静菲则依据杨琳奏折内容，认为清前期广东地区珐琅制作在工匠、炼料及成品方面，都已有一定规模[42]。

不仅如此，从以上文献还可获如下信息：

第一，从康熙五十九年冯秉正信中"中国工匠应皇帝的要求开始试验制作画珐琅不过短短的五六年时间"的内容，可确知宫廷烧成画珐琅的时间，大约在康熙五十三年（1714年）前后。这与索姆·杰宁斯的判断一致[43]。

第二，从康熙五十五年马国贤信件的内容得知，此时宫中画珐琅已获成功，马国贤与郎世宁（Giuseppe

35 中国第一历史档案馆、广州市荔湾区人民政府合编：《清宫广州十三行档案精选》，广州：广东经济出版社，2002年，第8页。
36 George Loehr, 'Missionary-artists at the Manchu court,' Transactions of the Oriental Ceramic Society, vol.34, 1962~3, p.55.
37 中国第一历史档案馆编：《康熙朝汉文朱批奏折汇编》，北京：档案出版社，1984～1985年，第8册，第2702号，第326页。
38 台北故宫博物院编：《宫中档案康熙朝奏折》第6辑，台北：台北故宫博物院，1976～1977年，第602～606页。
39 Roger Soame Jenyns and William Watson, Chinese Art: Gold, Silver, Later Bronzes, Cloisonné, Cantonese Enamel, Lacquer, Furniture, Wood, publishded in the United States of America by Rizzoli internatingnal publications, inc.1980.p.143.
40 吕坚：《康熙款画珐琅琐议》，《故宫博物院院刊》1981年第3期，第93、94页。
41 许晓东：《康熙、雍正时期宫廷与地方画珐琅技术的互动》，收录于故宫博物院、柏林马普学会科学史所编：《宫廷与地方：十七至十八世纪的技术交流》，北京：紫禁城出版社，2010年，第320～325页。
42 施静菲：《日月光华：清宫画珐琅》，台北：台北故宫博物院，2012年，第177页。
43 R.Soame Jenyns and William Watson, Chinese Art: Gold, Silver, Later Bronzes, Cloisonné, Cantonese Enamel, Lacquer, Furniture, Wood, Published by Phaidon Press Ltd, 1981-2nd Edition. p.143. 该文根据冯秉正于康熙五十九年（1720年）从热河写往巴黎信件的内容，指出清廷通过法国传教士或广东的商人，于1713或1714年建立起了北京的珐琅作坊。

Castiglione, 1688～1766) 的介入，只是为了让欧洲画匠参与这项新创的工艺。另从康熙五十五年陈元龙奏折获悉，这一年宫廷珐琅已成御赐之物，是宫廷画珐琅获得重大进步的一年。

第三，尽管康熙五十五年宫廷画珐琅获重大进展，但据杨琳奏折，该年宫廷仍从广州物色珐琅匠人，并从广州携带"洋法蓝料，并潘淳所制桃红颜色的金子挽红铜料等"。参酌"所制物件颇好"，已能烧成"法蓝时辰表""鼻烟壶""钮子""铜画片"等细节，可知该年广珐琅已颇为成熟，开始洋珐琅料与国产料并用，广珐琅标志性的桃红（又称金红、胭脂红或玫瑰红）已获成功，广州在画珐琅技术、人才、原料等方面均被宫廷所倚重。这亦可从侧面证实，画珐琅技术引入广州的时间比宫廷要早。

第四，康熙五十七年，广珐琅"所制白料洁白光亮，红料鲜明"，已制成"积红杯盘、盖碗""画片"。并提供"白料""红料"给宫廷及将"龙洪健等""送京应役"，说明该年广珐琅的烧成技术、色彩呈现、烧制器物种类又获得重大进展。这一年大内珐琅虽"早已造成，各种颜色俱以全备"，但仍对广州"差人送京"有所期待，表明广州对宫廷的珐琅制作仍有所助益。

以上是文献反映的情况。那么，实物的情形又如何？接下来对相关纪年与铭文器物作一考察。

3. 相关纪年与铭文器物的考察

圣母玛利亚画片。牛津展展品（图6左）[44]。画面中西法描绘的圣母玛利亚，衬以中国传统技法皴染的远山近景。圣母玛利亚体态丰满，表现的是其受圣灵感孕的状态。有海外专家指出，该画片背面有干支纪年，与1712年相对应，并据此认为画珐琅工艺是在1712年之前，被引入广东的[45]。经查检展览图录，该画片背部确有铭文，遗憾未见详细内容与图像发表。

"辛丑"款杯、"己亥"款杯。"辛丑"款花蝶纹杯一对，中国国家博物馆藏，外壁绘折枝菊花、石竹、芙蓉、翠竹及飞蝶，内施淡蓝釉。口沿与圈足鎏金，工艺考究。两杯外壁分题："辛丑暑月偶写怡情官舍月峡渔父笔"及"辛丑初秋画于仙城官舍五石山人笔"（图7中）。"仙城"，广州别称。"辛丑"是指哪年呢？清朝首个"辛丑"是顺治十八年（1661），此时广州尚无画珐琅工艺，可排除。第三个"辛丑"为乾隆四十六年（1781），此时广珐琅面貌相对清晰，装饰趋繁缛一路，与该杯雅致风格相去甚远。参酌台北故宫藏"康熙御制"铜胎画珐琅托盘的装饰及珐琅料特点（图7右），显然"辛丑"杯具康熙朝特点。而且，该杯所绘折枝菊花、芙蓉，其用笔、色彩、晕染等，完全取法康熙朝一代宗匠恽南田（1633～1690）的意匠（图7左）。综上可知，"辛丑"款杯应为康熙六十年（1721）制品，是一件署有纪年和确切产地的康熙广珐琅珍品。

无独有偶，海外另有一例署干支纪年的珐琅杯（图8）[46]。杯外壁绘芦雁，设色淡雅，画面灵动；另面绘一簇粉色牡丹。杯身空白处墨彩题"时己亥暮秋青岩道人偶作于五羊城之绿槐深处"，题记右上及末端分别摹绘引首章、朱白文双印，不可辨识，是又一确知作于广州的广珐琅珍品。该杯题款明显与"辛丑"款杯时代风格

---

44 Michael Gillingham, *Chinese Painted Enamels: Catalogue of an Exhibition Held in the Ashmolean Museum Department of Eastern Art*, Oxford: Ashmolean Museum; London: John Sparks Ltd., 1978. p. 20, cat. no.13. 该画片是天主教主题。画片中的少女，与1613年荷兰画家扬·穆勒（Jan Muller, 1571~1628）的《去埃及的途中》版画上的圣母玛利亚颇为神似（正文图6右）。画面有远山、谷地、坡石，还有牧场的木质围栏，与当时圣母玛利亚生活的伯利恒的地理环境吻合。不过，画面更多地融入中国画技法，少了西方表现圣母玛利亚神性一面，更具生活气息。

45 2013年5月26日香港苏富比"玛丽及庄智博鼻烟壶珍藏：第六部份"拍卖，拍品242为清18世纪初广东铜胎画珐琅山水图鼻烟壶，拍品资料及来源中写到：The present enamelled bottle can be attributed to the first few decades of the eighteenth century. The art of enamelling metal is believed to have been introduced into Canton prior to 1712 based on a rare European subject panel bearing a cyclical date corresponding to 1712, exhibited in *Chinese Painted Enamels*, The Ashmolean Museum, Oxford, 1978, cat. no. 13. The traditional palette and sparse use of the pink enamel on the present bottle suggests that this is an early example within the development of enamelling metal at Canton.

46 2010年4月7日香港苏富比拍卖，Lot1805。感谢李颜珣先生提供信息。

图6
左：广珐琅圣母玛丽亚画片，背部有题款
　　1978年牛津大学阿什莫林博物馆中国画珐琅展目录收录
右：扬·穆勒《去埃及的途中》版画
　　1613年，大都会艺术博物馆藏

图7　左：恽寿平《百花图卷》局部，康熙二十二年，大都会艺术博物馆藏
　　　中：广珐琅"辛丑"款花蝶纹杯，1721年，中国国家博物馆藏
　　　右："康熙御制"款铜胎画珐琅托盘，台北故宫博物院藏

一致，两杯的口沿、圈足的鎏金均呈色极佳，且两杯的落款，包含干支、别号、创作地点的题记，均具清初特色[47]，故知该"己亥"杯，当为康熙五十八年（1719）作品。

"潘淳指制"款仕女图烛台壁饰板一对。霍德罗夫（Hodroff）旧藏（图9-1），高75.5厘米，体量硕大，装饰华美，四周锤揲成浮雕效果，四周绘墨地珐琅对称牡丹花枝，色彩艳丽，白头翁栖息于顶端，中央椭圆形开光内分绘"二乔教子"与"昭君出塞"，左上方均题"内廷供奉珐琅处珐琅匠潘淳指制"款（图9-1右、9-2中）。其设色、构图、技法、人物特点等，与康熙朝宫廷画家禹之鼎、焦秉贞的人物画具共同时代风貌（图9-2）[48]。该对饰板的浮雕墨地花卉，应受英国伦敦黑地珐琅工艺的影响（图10）。椭圆开光围以硕大折枝花卉的设计，

47　如故宫博物院藏王鉴《陡壑密林图》山水，题记"壬寅小春望日写于染香庵中"。《仿古山水册》题记"丙午春仿古十二帧于半塘精舍"。特别是题记前的椭圆引首章及落款末端的朱文、白文双印，均是清初画坛非常流行的钤印方式。

48　潘淳于康熙五十五年赴宫中效力，这一年禹之鼎虽去世，但焦秉贞仍在宫中。或因潘淳这段特殊经历，有机缘借鉴禹之鼎、焦秉贞的绘画，并融入广珐琅的创作。

图8 广珐琅"己亥"款芦雁图杯，1719年

明显有欧洲珐琅装饰的影响（图145左）。

从前揭康熙五十五年广东巡抚杨琳奏折可知，该年潘淳赴宫中效力。这对仕女图饰板具外销欧洲风格，显然不是清廷所造。因清廷服役匠人有返乡省亲制度，故知该饰板应是潘淳回广州省亲时所为，或是从宫廷退役回广州后参与指导制作。

"玉峰杨琳"款广彩杯、盘一套。 大英博物馆藏[49]。杯与盘外底分别摹绘印章式款识"幽斋"与"玉峰杨琳"（图11-1）。英国著名东方学家卜士礼误将该器"杨琳"，认作是彩绘艺人，进而把"玉峰"误认是"杨琳"出生地"昆山"[50]。但据笔者所考，这套杯盘的款识与彩绘艺人无关，而是曾给康熙帝上奏折推荐珐琅匠人的广东总督杨琳的名、号与斋名。《广东通志》卷二百五十五《宦绩录》载：

杨琳，号玉峰，奉天人，康熙五十六年由福建提督迁巡抚，……，驭卒伍绰有余地，圣祖仁皇帝遂命巡抚广东……踰二年，授总督……于粤颇久，年亦渐迈，雍正元年上命琳专督广东事，又一年而卒[51]。

又据《八旗通志》卷三百四十载：

杨琳，汉军正红旗人，康熙五十三年十二月任广东巡抚，五十五年十一月升两广总督。

再据《八旗通志》卷三百三十九表三：

杨琳，汉军镶红旗人，康熙五十五年十月任两广总督，雍正元年八月两广分为两督，任广东总督，二年四月卒。

由上揭文献可知，杨琳于康熙五十三年十二月任广东巡抚，康熙五十五年升任两广总督，雍正元年（1723），因两广分为两督，任广东总督，雍正二年（1724）四月离世。

杨琳于康熙五十五年、五十七年间，三次上奏恭进珐琅匠役事，多次走访广城珐琅匠人，并试验其手艺。杨琳或正是利用走访便利，定制了这套杯盘。杨琳于雍正二年四月去世，故知这套的下限，不晚于雍正二年四月。又因早在康熙五十五年，杨琳就已走访珐琅匠人，并"试验所制物件颇好"，故推断这套"玉峰杨琳"款杯盘于康熙末年定制的可能性极大。

"玉峰杨琳"款杯的外壁与盘内满布锦地，绘工考究，锁子锦与八方锦或上下或内外侧搭配，锦地间为等距圆形开光折枝花卉，珐琅彩整体色调沉稳，特别是胭脂红色彩凝厚深沉，与雍正习见的浓艳鲜亮的胭脂红截然不同。口沿和圈足描金一周，显然是对铜胎画珐琅的模仿。盘上的折枝花卉、萱草，还见于"又辛丑年制"款寿桃

---

49 藏品编号 Franks.692.+，罗伯特·米德（Hon. Robert Meade）捐赠。

50 Stephen W. Bushell, *Chinese Eggshell Porcelain With 'Marks': From the Collection of the Late Hon.Sir Robert Meade*, G. C. B. part II （conclusion）, Burlington Magazine Publications Ltd. The Burlington Magazine for Connoisseurs, Vol.9, No.41 (Aug., 1906), pp.324-325+328.

51 《广东通志》卷二百五十五《宦绩录》二十五，清道光二年刻本。

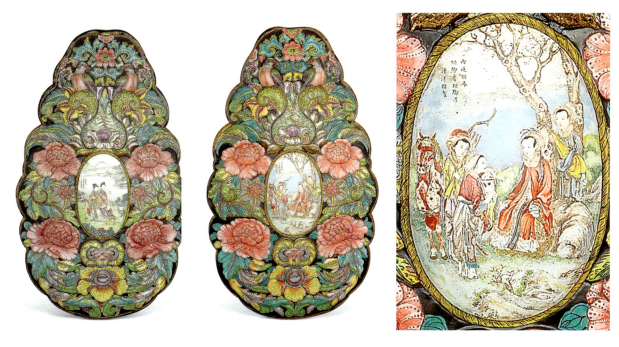

图 9-1　广珐琅"潘淳指制"款仕女图烛台壁饰板，Hodroff 旧藏，佳士得拍品（纽约 2019.1.17,Lot564）

图 9-2　左：禹之鼎《双英图》，康熙四十九年，清华大学美术学院藏
　　　　中：广珐琅"潘淳指制"款仕女图饰板局部
　　　　右：焦秉贞《百子团圆册》之一局部，中国国家图书馆藏

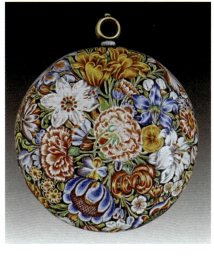

图 10
左：英国伦敦珐琅表
　　17 世纪，大英博物馆藏
右：英国伦敦珐琅表
　　17 世纪，大英博物馆藏

图 11-1　广彩"玉峰杨琳"款锦地开光花卉纹杯、盘一套，大英博物馆藏

图 11-2　左：广彩花篮纹杯、盘一套，大英博物馆藏
　　　　　右：宜兴紫砂胎画珐琅茶壶，康熙，台北故宫博物院藏

盘上的折枝花卉、萱草，还见于"又辛丑年制"款寿桃花卉纹积红杯（图 20 左）、台北故宫藏康熙紫砂画珐琅茶壶上（图 11-2 右），是康熙末年流行装饰。

以该套杯盘为参照，有一批康熙末年的广彩瓷器可分辨出来。如大英博物馆藏花篮纹杯、盘一套（图 11-2 左）、"岭南绘者"花篮纹盘（图 12 左）、荷兰国立博物馆藏折枝花卉纹盘（图 12 右），安居乐业图盘（图

13），美国弗吉尼亚博物馆藏圣母玛利亚图杯、盘一套（图 14）[52]。这几件瓷器的彩料、锦地、花卉等诸多细节与"玉峰杨琳"款杯、盘高度一致，正是我们寻觅已久的康熙末年的广彩瓷器。这批康熙末年广彩瓷器的确认，为早期广珐琅的研究提供了重要参照。

"辛丑"款山水图提梁壶。壶以黄地贯套花卉为地，四开光绘墨彩山水，四画面分题"松林子画""梅园主

52　该盘的圣母玛利亚，头顶戴被称为伯利恒之星的白花，是象征耶稣养父的圣约瑟之花。

图12 左：广彩"岭南绘者"花篮纹盘，大英博物馆藏
右：广彩折枝花卉纹盘，荷兰阿姆斯特丹国立博物馆藏

该壶署"青岩道人"铭文，与前文"己亥暮秋青岩道人"铭芦雁图杯（图8），属同一人作品。壶腹的墨彩山水，具文人题款，并摹绘印章，颇具清初王翚（1632～1717）山水气韵（图15右）。此外，该壶的开光、蕉叶纹的凸起铜质轮廓，均是铸造铜胎时就预留好的。类似设计也见于台北故宫藏康熙御制珐琅作品（图17），是我们了解宫廷与广州交流互鉴的又一具体实例。1978年牛津展所见同式壶，大致相仿，细节略有不同（图16）[53]。

许晓东曾引用雍正十三年（1735）一则档案，记述广东省太平门外长寿庵制造黄地画珐琅在京城售卖一事[54]。结合前文"己亥暮秋青岩道人偶作于五羊城之绿槐深处"铭芦雁图杯，可知该壶虽为黄地画珐琅，无疑是广州所产。也就是说，雍正年间广州生产"珐琅黄色器具"之情形，在康熙末年就已存在。

"又辛丑年制"款瓷器。这类瓷器与早期广珐琅关系密切。大英博物馆藏两例。一例是花果纹积红杯与花蝶纹积红盘相配的茶具组合（图18中、下）。另一例是折枝花卉纹积红盘（图19左），海外还有一件寿桃花卉纹杯（图20左）。这类瓷器外壁均施胭脂红釉，西方人称为"ruby back"，胎体轻薄，又称蛋壳瓷。

英国学者霍布逊（Robert L. Hobson，1872～1941）

53 Michael Gillingham, *Chinese Painted Enamels: Catalogue of An Exhibition Held in the Ashmolean Museum Department of Eastern Art*, June & July 1978, fig.40.

54 许晓东：《康熙、雍正时期宫廷与地方画珐琅技术的互动》，收录于故宫博物院、柏林马普学会科学史所编：《宫廷与地方：十七至十八世纪的技术交流》，北京：紫禁城出版社，2010年。《奏销档》185-085-1，雍正十二年十月十九日："近闻市有出卖珐琅黄色器具如鼻烟壶、翎管等件，恐系造办处匠役人等偷出售卖，因令管番役官员稽查。今据郎中何瞻、员外郎尚林禀称，职等差役头目高连魁等查得，市内有卖珐琅器皿之人，其黄色鼻烟壶、铜管数十件，细究其出处来历，俱称广客贩卖。因将广客传问，据称，此项珐琅器具出于广东省太平门外长寿庵制造，等因呈禀前来。"

图 18
左上：恽寿平 花卉册之海棠
　　　康熙十年，上海博物馆藏
右上：蒋廷锡，十二花卉册
　　　绍兴华脉书画博物馆馆藏
中下：广彩"又辛丑年制"款花果纹积红杯
　　　及花蝶纹积红盘及底部
　　　1721 年，大英博物馆藏

图 19
左：广彩"又辛丑年制"款折枝花卉纹积红盘
　　大英博物馆藏
右：广彩鹌鹑纹盘
　　大英博物馆藏

图 20　左：广彩"又辛丑年制"款寿桃花卉纹积红杯，1721 年，苏富比拍品（伦敦 2011.11）
　　　　右上：广珐琅课子图积红盘局部，广东省博物馆藏
　　　　右中：蒋廷锡《康熙御题蟠桃图》局部，《石渠宝笈》收录，中国嘉德（2018 年秋拍）
　　　　右下：广东款彩漆屏风局部，康熙，邦瀚斯（伦敦 2017.5）

广彩"博弈图"瓶。荷兰阿姆斯特丹国立博物馆藏（图 23）。瓶腹的对弈仕女绘工精细，人物传神，颇得清宫仕女画神韵（图 24）。另面以墨彩题"博弈图甲辰花朝写于岭南珠江精舍"，尾部摹红色白文"唐金堂"印。该馆所藏一套"功名富贵"茶杯、盘（图 25），也题有"甲辰花朝写于珠江精舍"。

荷兰学者克瑞斯蒂安·约格（Cristiaan J.A.Jörg）考定该瓶的"甲辰"为雍正二年[57]。黄圣芝虽辨识出了"唐金堂"印，惜未做进一步考据[58]。经笔者考证，"博弈图"瓶系雍正二年广州珐琅名家唐金堂作品[59]。该瓶不仅让我们可了解到雍正初年广彩瓷器工艺及艺术所达到的高度，而且也为早期广珐琅的研究，提供了又一重要断代尺规。

57　Christiaan J. A. Jörg, 1997, *Chinese Ceramics in the Collection of the Rijksmuseum, Amsterdam: The Ming and Qing Dynasties.* London: Philip Wilson Publishers Ltd, p.212.

58　黄圣芝：《广彩外销瓷研究》，台北艺术大学美术学院美术史研究所硕士论文，2011 年，第 71~72 页。

59　郭学雷：《广彩起源及其早期面貌》，《东方收藏》2018 年第 12 期，第 29 页。据清宫档案载：乾隆六年（1741）四月十二日，内大臣海望再次向广东地方当局点名征召画珐琅匠人曾五连、唐金堂、李慧林三人。三人中，除曾五连、唐金堂因故未到外，另补党应时、胡礼运二人偕李慧林赴京应役。

图21 "康熙御制"宜兴紫砂胎画珐琅茶壶局部
　　　台北故宫博物院藏

图22 蒋廷锡，花果册页
　　　北京保利拍品（2012.8）

雍正《古玩图》中广珐琅罐。英国大维德中国艺术基金会藏一幅著名的《古玩图》长卷，卷中描绘了从新石器时代至清代的近250件形态各异的陶器、玉器、青铜器等各类文物[60]。重要的是，卷尾端绘一对开光山水广珐琅罐（图26左）。罐身八角锦地海棠形四开光，开光内间绘山水、花卉。口沿与近足一周蓝料分绘缠枝莲与卷草。盖沿一周的"T"字装饰带颇具标识性。该卷包首签条题"雍正六年古玩图"。既写明是"古玩"，那么图中所绘均应是早于雍正朝的旧物。因康熙朝之前尚无广珐琅，故知卷中描绘的广珐琅罐，只能是康熙朝的制品。

4. 小结

　　综上所考，广珐琅的创烧不晚于康熙五十一年（1712），较宫廷珐琅大致开始的康熙五十三年（1714）略早。康熙五十五年广珐琅技术已颇为成熟，五十七年烧造技术、彩料制备、生产器类又获得重大进展，至迟在康熙六十年，广彩瓷器出现，由此两朵岭南外销工艺

的姊妹花，开始并蒂绽放。

三 早期广珐琅器类举证

　　本文早期的概念，特指广珐琅从创烧到康熙末至雍正初年的阶段。根据以上文献、纪年器物，并参酌清宫珐琅、类型学的方法及历史背景考察，有一大批早期的广珐琅可被辨识出来。举证如下：

1. 画片

　　前揭杨琳奏折曾提及"法蓝铜画片"。从前文提及有"壬辰"干支纪年（1712）的圣母玛利亚画片（图6左），可知至迟在康熙五十一年，广州已制作广珐琅画片了。牛津展还有一件风格类似的天主教题材早期画片（图27

60　寄存大英博物馆，编号：PDF, X.01。感谢王依农先生提供信息。

图 23　广彩"博弈图"瓶，1724 年，唐金堂绘制
　　　　荷兰阿姆斯特丹国立博物馆藏

图 24　《胤禛美人图》之博古幽思
　　　　故宫博物院藏

图 25
"甲辰"款茶杯、盘
1724 年，荷兰阿姆斯特丹国立博物馆藏

左），题材源自圣母玛利亚探视伊丽莎白的故事 [61]。画片中人物姿态、右侧门楼等有模仿欧洲同类主题作品痕迹（图 27 右）。这类画片将中国传统山水与天主教题材有机融合，艺术水平颇高，推测或有中国画家与兼擅西方绘画的欧洲传教士的共同参与。

拉菲·莫塔赫德（Rafi Y. Mottahedeh）夫妇旧藏圣母玛利亚与圣子画片 [62]，也属早期广珐琅天主教题材作品（图 28 上）。其珐琅色彩凝重，胭脂红、深棕色、茄皮紫、翠、蓝等色彩，与台北故宫藏康熙锦地开光西洋仕女肖像画碗的彩料有共同时代特点（图 72）；其绘画

61　路加福音中记载有圣母玛利亚拜访伊丽莎白的事迹。

62　J.A.Lloyd Hyde, *Chinese painted enamels from private and museum collection*, China Institute in America New York, China House Gallery, 1969. fig. 50.

图 26
左："雍正六年 古玩图"卷局部之广珐琅罐，英国大威德中国艺术基金会藏
中：广珐琅人物故事图盘康熙，俄罗斯艾尔米塔什博物馆藏
右：康熙广东款彩屏风局部，佳士得拍品 （伦敦 2014.12）

图 27
左：广珐琅圣母玛利亚探视伊丽莎
　　白画片
　　1978 年牛津大学阿什莫林博
　　物馆中国画珐琅展目录收录
右：圣母玛利亚探视伊丽莎白版画
　　15 世纪，大都会艺术博物馆藏

技艺高超，居室环境、家具、人物虽以西法绘就，但居室角落的绣墩、桌上的冰裂纹花瓶却具浓郁中国传统气息。画片中正在纺织的女士头戴冠冕[63]，是圣母玛利亚，两童子则是 17 世纪以来欧洲绘画流行的童年耶稣与圣约翰形象（图 28 中、下）。

哈利·加纳《玫瑰红的起源》一文收录一圆画片（图 29 上），表现的是天主教流行的"圣家族"主题。画面右侧约瑟夫持杖，圣母玛利亚依其胸前；画面左侧圣母玛利亚

63　据哥伦比亚大学的彼得罗·赞德（Pietro Zander）博士的研究，将冠冕戴在圣母玛利亚头上的习俗，可以追溯到 17 世纪初。

图 28　上：广珐琅圣母玛利亚与圣子画片，拉菲·莫塔赫德夫妇旧藏
　　　　中：弗朗西斯科·里兹，《圣母玛利亚》，17 世纪，大英博物馆藏
　　　　下：英国 Wenceslaus Hollar，《耶稣与圣约翰》，17 世纪，
　　　　　　大都会艺术博物馆藏

图 29
上：广珐琅"圣家族"圆形画片
　　哈利·加纳《玫瑰红的起源》一文收录
下：利摩日画珐琅"圣家族"画片
　　16 世纪，大英博物馆藏

的母亲圣安妮坐于锦纹地毯之上，身前应是圣子耶稣；画中持杖者为圣约瑟。是西方"圣家族"主题流行的程式化构图（图 29 下）。有趣的是，圣子、童子的发式、肚兜等，被有意刻画成了中国孩童的装扮。

　　褐彩天主教题材画片一对（图 30 上），明显受欧洲铜版画装饰影响（图 30 下右）。其中一件圣子耶稣依于圣母玛利亚膝前，另件则是背着圣子的圣约瑟，圣子头发被刻画成中国孩童的流行发式。

　　香港艺术馆藏广珐琅圣母报喜图画片（图 31 左），原本是画珐琅扁盒的盖面（参看图 119）。画面模仿欧洲《圣母领报》一类题材（图 31 右），融入中国传统的冰裂纹与格栅式窗，报喜天使所持鲜花则被瓶花代替。

　　水松石山房藏广珐琅圣母颂画片（图 32 左），最早收录于牛津展目录，同样是画珐琅扁盒的盖面。装饰源自欧洲流行的天主教圣母颂题材（图 32 右）。有意思的是，画面中的西式装帧书籍被中国特有的线装书替代。迈克尔·吉

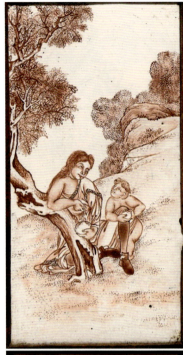

图 30
上左：广珐琅圣母玛利亚与圣子画片
　　　苏富比拍品（伦敦 2015.5，Lot90）
上右：广珐琅圣约瑟与圣子画片
　　　苏富比拍品
下左：西班牙 Bartolome Esteban Murillo
　　　圣母玛利亚与圣子油画
　　　17 世纪，大都会艺术博物馆藏
下右：圣约瑟与圣子版画
　　　1707 年，大英博物馆藏

林厄姆（Michael Gillingham）则认为该画片题材可能源于圣安妮教圣母读书题材，其年代早至 18 世纪早期[64]。

　　拉菲·莫塔赫德夫妇旧藏中，还有一组 4 件的早期西洋人物画片（图 33 左）[65]。画面以西画透视法，融入中国庭院的建筑、山石、栏杆等元素。珐琅彩料呈色、绘画手法、人物特征等，特别是人物衣饰条索状皴染，色料凝厚有堆积感，与下文将要论及的一批带天主教图记的早期广珐琅一致（图 77、78），也与《18 世纪的中国画珐琅》一书收录的胭脂红地开光西洋人物盖碗（图 82），同属一群。画面中的冰裂纹器物、冰裂纹墙基，同见于康熙朝广东款彩漆器上（图 33 右），早期特色鲜明。

　　伊丽莎白·哈尔西（Elizabeth Halsey）夫人旧藏的两套一组 2 件西洋人物画片（图 34、35）[66]。其珐琅彩料呈色、绘画手法、人物特征等与前揭拉菲·莫塔赫

64　Michael Gillingham,Chinese Painted Enamels: Chatalogue of An Exhibition Held in the Ashmoleam Museum, Department of Eastern Art,1978.p.22.

65　J.A.Lloyd Hyde, *Chinese Painted Enamels from Private and Museum Collection*, China Institute in America New York, China House Gallery, 1969. fig. 4.

66　J.A.Lloyd Hyde, *Chinese Painted Enamels from Private and Museum Collection*, China Institute in America New York. China House Gallery, 1969. fig. 46、47.

图 31
左：广珐琅圣母报喜图画片
　　香港艺术馆藏
右：Paolo de atteis《圣母领报》
　　1712 年
　　美国圣路易斯艺术博物馆藏

图 32　左：广珐琅圣母颂画片，水松石山房藏
　　　　右：桑德罗·波提切利 Sandro Botticelli，圣母颂（Madonna of the Magnificat）油画，1481 年，意大利乌菲兹美术馆藏

德夫妇旧藏画片一致（图 33），亦是难得的早期广珐琅制品。其中一组应分别描绘的是圣母、圣子、圣约翰及圣母、圣约瑟（图 35）。

　　牛津展有一特殊山水画片（图 36 左）。画片铜质较厚，以内外凸起的两条铜制轮廓为框，其间饰锦纹。这种带边框画片的设计，或是受了景德镇康熙朝瓷板画的影响（图 37）；画片的山水构图与皴染，与美国纽约大都会艺术博物馆藏康熙二十九年广东款彩屏风的山水具共同时代风貌（图 36 中）；画片四周的锦纹，则见于禹之鼎画作《王士贞放鹇图》座榻之上（图 36 右），是康熙朝流行的织锦图样。中国传统山水间，教堂、西洋人物点缀其中，别有一番风情。

　　纯中国风早期画片，仅见"三潭印月"山水圆形画片（图 38 左）。所绘山水笔墨细润，风格清幽灵动，颇得王翚山水气韵，也与景德镇康熙朝青花山水具共同时代风貌（图 38 右）。乳白色的釉地，紫、棕、绿等色泽沉稳，早期特色鲜明。

　　哈利·加纳（Harry Garner）最早注意到早期画珐琅中的画片。他指出早期白珐琅上往往有裂纹，施彩后，仍会留下白色的裂隙痕。早期特点是重量大，是因多次施白色珐琅，以掩盖瓷釉的裂缝。晚期珐琅制品，彩色珐琅会下沉到白色地釉上，形成光滑的器表。但这些早期作品，有些彩料明显高出底釉，如深红、粉红色等。

图33 左：广珐琅西洋人物画片，拉菲·莫塔赫德夫妇旧藏
　　　右：广东款彩漆柜局部，康熙，佳士得拍品（巴黎 2012.4）

图34
广珐琅西洋人物画片一组
《18世纪的中国画珐琅》收录

图35
广珐琅西洋人物画片一组
《18世纪的中国画珐琅》收录

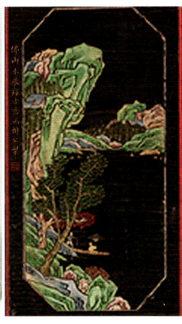

图36 左：广珐琅山水图画片，1978年牛津大学阿什莫林博物馆中国画珐琅展目录收录
　　　中：广东款彩漆屏风局部，康熙二十九年（1690），大都会艺术博物馆藏
　　　右：禹之鼎《王士贞放鹇图》局部，故宫博物院藏

图37 素三彩人物图瓷板画　　　　　图38 左：广珐琅"三潭印月"山水圆形画片，苏富比拍品（纽约2017.9，Lot205）
　　　康熙 美国费城艺术博物馆藏　　　　　　右：康熙青花釉里红山水盘，英国巴特勒家族藏

2. 盘

折沿盘。《玫瑰红的起源》收录一对西洋人物盘[67]，哈利·加纳认为是最早的广珐琅制品（图39下）。盘的折沿较窄，装饰中西合璧。盘内壁间绘传统山水、花卉，西洋人物点缀其间。盘心以中国传统山石树木为背景，

以西洋技法绘西式庭院与西洋人物。盘内壁的四等分设计，为康熙朝景德镇瓷器流行装饰手法（图39上中）。树与坡石的皴法，有明显借鉴康熙朝广东款彩漆器工艺的痕迹（图39右上）。其制作工艺粗率，绘工稚拙，珐琅呈色欠佳、过烧起泡明显，打底的白珐琅发色灰白、欠平整，初创缺陷显露无遗。据哈利·加纳的研究，其

67　Harry Garner, *The Origins of Famille Rose*, Transactions of Oriental Ceramic Society, vol 37, pp.1~16, 1967.plate 6.

图39 左上：皇家园丁约翰·罗斯向国王查理二世奉上菠萝，1675年，London，The National Trust 收藏
　　　上中："康熙年制"款外酱釉内青花瓶花图碗，故宫博物院藏
　　　右上：广东款彩漆屏风局部，康熙辛未，1691年，佳士得拍品（伦敦 2016.11.lot.61）
　　　下：　广珐琅西洋人物图盘，哈利·加纳《玫瑰红的起源》一文收录

中一盘描绘的是英国皇家园丁约翰·罗斯（John Rose，1619～1677）向国王查理二世（Charles II，1630-1685）进奉凤梨的故事（图39右下、左上）[68]。查理二世生前同情天主教，临死前皈依天主教。该题材或与天主教传士利用其进行传教的目的有关。

　　锦地开光西洋人物图折沿盘（图40左）。胭脂红深沉偏紫，与康熙朝宫廷珐琅彩特征相同。折沿较宽，其简约的锦地纹、四开光形式，与康熙朝青花瓷装饰风格

一致（图40右）。相类的另件花蝶纹折沿盘（图40中），折沿的锦地开光，也与康熙朝景德镇瓷器具共同时代风格。该盘从清代花鸟画中汲取营养，花卉以没骨法绘就，蝴蝶以点染法描绘，别具艺术感。其没骨花卉，与大英博物馆藏广彩"又辛丑年制"款折枝花卉纹盘的花卉，手法颇为相类（图19左）。

　　美国费城艺术博物馆藏花蝶纹折沿盘。盘心蝴蝶、昆虫，气韵灵动（图41）。内折沿的锦地开光、外壁折

68　1675年，英格兰首次培育凤梨成功，凤梨作为礼物奉献给了英国国王查尔斯二世，画师记录下了这一历史瞬间。该盘的画面源自1675年的这幅画作。

图 40　左：广珐琅锦地开光西洋人物图折沿盘，苏富比拍品（伦敦 2015.7）
　　　　中：广珐琅花碟纹折沿盘，邦瀚斯拍品（旧金山 2012.12，Lot5086）
　　　　右：青花锦地开光人物图折沿盘，康熙，美国普林斯顿大学博物馆藏

图 41
广珐琅锦地开光花蝶纹折沿盘
美国费城艺术博物馆藏

枝花，与康熙朝景德镇瓷器风格一致。八方锦纹比例较大，绘工略粗。打底的白珐琅，虽有瑕疵，但质量明显提高。青料发色不佳，为初创广珐琅的特点。

费城艺术博物馆藏圣母玛利亚与圣子图折沿盘（图 42左）。折沿绘粉色八角锦地四开光，内饰西洋花卉。盘心构图、边角门洞、圣母玛利亚与圣子的姿态，明显有康熙朝景德镇青花的影响（图 42 右）。盘外壁冰梅较初创珐琅更细腻考究。外底饰象征天主教圣马可的飞狮。另一对类似的西

洋人物盘（图 43 左），折沿以蓝料打底，白线描夔龙纹，开光内饰红彩夔龙。一盘心绘庭院西洋男子手捧十字架，另一盘心绘"圣家族"题材。盘外壁蓝地红花冰梅纹，是对康熙朝青花釉里红的模仿；而蓝地白线条冰纹，也是从康熙朝景德镇洒蓝瓷器线刻装饰借鉴而来（图 43 右）。盘内底和折沿转折处一周墨彩卷草，与台北故宫藏"康熙御制"玉堂富贵瓶圈足一周卷草纹类似（图 86 右），与雍正以后习见的黑彩上描金的手法截然不同，具早期特征。类似的折沿盘，还见于《18 世纪的中国画珐琅》收录的佛教故事

图 42　左：广珐琅锦地开光圣母玛利亚与圣子图折沿盘，美国费城博物馆藏
　　　右：青花仕女婴戏图盘，康熙，故宫博物院藏

图 43　左：广珐琅天主教人物图折沿盘一对，海外藏
　　　右：洒蓝釉线刻龙纹碗，康熙，英国维多利亚与艾尔伯特博物馆藏

图 44

上左：广东款彩漆屏风局部
　　　康熙，佳士得拍品
　　　（纽约 2017.11）

上中：广东款彩漆屏风局部
　　　康熙戊子年（1708 年）
　　　佳士得拍品
　　　（纽约 2008.11）

上右：广东款彩漆屏风局部
　　　康熙，邦瀚斯拍品
　　　（伦敦 2018.5）

下：　广珐琅佛教人物图折沿盘
　　　《18 世纪的中国画珐琅》收录

图 46　广珐琅西洋人物折沿盘，俄罗斯艾尔米塔什博物馆藏

图 45　广珐琅降龙罗汉图折沿盘，海外藏

图 47　广珐琅西洋人物捕鱼图折沿盘，俄罗斯艾尔米塔什博物馆藏

图盘一对，暖色调为主，背部施"积红"釉（图 44 下）[69]。盘心山石皴染，达摩渡海，海水画法是从康熙朝广东款彩漆器借鉴而来（图 44 上）。本书收录的广州十三行博物馆藏开光山水洋人饮酒图碟（本书第 52 页），内壁开光的花卉同样是没骨画法，其墨地装饰则是受法国利摩日珐琅的

影响。此外，海外所见降龙罗汉图盘，艾尔米塔什博物馆藏西洋情侣图盘、西洋人物垂钓图盘等，亦可归入此类（图 45 ~ 47）[70]。

广东省博物馆藏课子图积红折沿盘（图 48 左）。其折沿上的寿桃纹与"又辛丑年制"款广彩寿桃纹积红碗、

69　Khalil Rizk, Jana Volf, Margaret Kaelin, *Chinese Painted Enamels of the 18th Century*, New York, The Chinese Porcelain Company, 1993.plate24.

70　Tatiana B. Arapova. 1988. *Kita Skie Raspisnye mali: Sobranie Gosudarstvennogo Rmitazhsa (Chinese Painted Enamels: A Collection of the State Hermitage Museum)*. Moscow: Iskusstvo.

图48　左：广珐琅课子图积红折沿盘及底部，广东省博物馆藏
　　　右：广珐琅课子图积红折沿盘锦地与"玉峰杨琳"款盘锦地对比

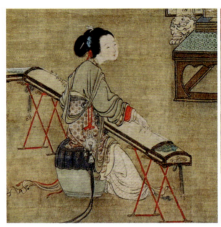

图49　左：禹之鼎《牟司马相图》局部，中国美术馆藏
　　　中：广珐琅课子图积红折沿盘局部，广东省博物馆藏
　　　右：广彩"博弈图"瓶局部，1724年，荷兰阿姆斯特丹国立博物馆藏

康熙朝广东款彩漆屏风，所绘寿桃的晕染手法如出一辙，均可看到康熙朝蒋廷锡绘画的影响（图20）。盘中仕女神态、发髻、衣饰等，与康熙朝禹之鼎的仕女画作颇为神似（图49左）。值得注意的是，"甲辰花朝"款唐金堂绘制"博弈图"瓶上的仕女，明显有模仿课子图盘的痕迹（图23、49），两者人物、色彩、技法等细节几近一致。"甲辰花朝"即雍正二年农历二月，距雍正改元才一年，参酌课子图盘锦纹与"玉峰杨琳"款瓷盘锦地画法、风格完全一致的情况（图48右），推断课子图盘年代可上溯至康熙末年。此外，该课子图盘不仅色彩凝厚、呈色极佳，而且绘画技艺高超，逼真惟肖的湘妃竹，细致入微的衣饰锦纹、家具杂器，仕女肌肤的淡粉晕染，

人物的神情气韵，可谓精妙至极。

Peter H.B.Frelinghuysen(1882～1959) 旧藏西洋人物积红折沿盘（图50中）。其折沿上开裂的石榴，与台北故宫藏"康熙御制"盖盒的石榴惊人相似（图50右下），明显受清初项圣谟（1597～1658）的影响（图50右上）。残破树叶的表现，则借鉴了恽南田等花鸟大家的意匠。该盘虽饰西洋人物，但构图、举止、面部勾勒等细节却与康熙朝广东款彩漆屏风手法雷同（图50左）。而且，该盘色彩凝厚，胭脂红无雍正以后的艳俗之感。尤其是绘画技艺高超，水果的肌理、残破的树叶、灵动的昆虫、人物的神态、树木山石，无一不精。

图 50　左：　康熙广东款彩漆屏风局部 ，佳士得拍品（伦敦 2014.12，Lot10199）
　　　　中：　广珐琅西洋人物积红折沿盘，Peter H B Frelinghuysen Jr 旧藏
　　　　右上：项圣谟《石榴图》（局部），辽宁省博物馆藏
　　　　右下："康熙御制"花果纹盖盒，台北故宫博物院藏

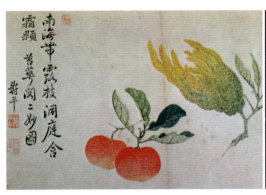

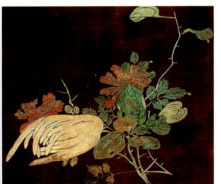

图 51
左上：恽寿平《写生册》，台北故宫博物院藏
右上：康熙广东款彩漆屏风局部，邦瀚斯拍品（伦敦 2017.5）
　下：广珐琅折枝花果纹积红盘，英国阿尔弗雷德 · 克拉克夫妇旧藏

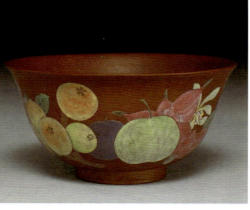

图 52
左：广珐琅折枝花果纹积红盘
　　R. Soame Jenyns and William
　　Watson《中国艺术》收录
右："康熙御制"宜兴紫砂胎画珐琅碗
　　台北故宫博物院藏

图 53　广珐琅西洋人物盘，海外藏

　　弧壁盘。英国著名藏家阿尔弗雷德·克拉克（Alfred
Clark）夫妇旧藏折枝花果纹积红盘（图51下）。索姆·杰
宁斯与威廉·沃森（William Watson，1917～2007）
著《中国艺术》[71]、牛津展目录，也收录此类盘（图52左），
其瓜果与台北故宫藏"康熙御制"紫砂胎画珐琅瓜果纹
碗装饰手法意趣一致（图52右），还与大英博物馆藏广
彩"又辛丑年制"款积红杯、盘的绘画风格、技法及外
壁"积红"特点相同（图18下）。这类花果纹，由两三
种折枝花果组成，也流行于康熙朝广东款彩漆屏风上，
完全效法恽寿平、蒋廷锡等的笔法（图51上）。这类盘

图 54　广珐琅龙纹盘
　　　　俄罗斯艾尔米塔什博物馆藏

71　R.Soame Jenyns and William Watson, *Chinese Art: Gold, Silver, Later Bronzes, Cloisonné, Cantonese Enamel, Lacquer, Furniture, Wood*, Published by
　　Phaidon Press Ltd, 1981-2nd (Edition). plate108.

图 55-1
广珐琅锦地开光龙纹盘
邦瀚斯拍品（旧金山 2011.11）

图 55-2
左：广珐琅锦地开光龙纹盘局部
　　邦瀚斯拍品
右：广东款彩漆屏风局部
　　康熙二十年，美国纽约
　　Garrick C. Stephenson 旧藏

上的花卉、果实、枝叶，非常注重阴阳、向背、转侧的立体表现，艺术水平极高。

海外藏锦地四开光西洋人物盘。尺寸较小，应是圆杯的托盘（图 53）。盘外壁装饰冰梅纹，底部绘具天主教色彩的飞狮——圣马可。盘的构图，受康熙朝景德镇瓷器装饰的影响，与美国费城博物馆藏广珐琅锦地开光圣母玛利亚与圣子图折沿盘同属一群（图 42）。

俄罗斯艾尔米塔什博物馆藏龙纹盘。盘心与内壁均绘云龙纹，设色凝厚艳丽，绘工精细，龙纹极具张力（图

54）。海外藏另件龙纹盘，色彩艳丽、锦地华美，盘心连弧开光内的云龙，或腾云驾雾，或泛于波涛，极具气势（图 55-1）。内壁开光瑞兽的姿态、色彩晕染及黑地的效果，与康熙二十年广东款彩漆屏风的瑞兽如出一辙（图 55-2）。器底满绘精美狮纹，显然受法国利摩日珐琅的影响。盘内壁口沿一周"T"字装饰带，外壁的山水间花卉开光，与"雍正六年古玩图"有共同时代特征（图 26 左）。盘外壁两种锦地搭配装饰，见于杨琳定制广彩杯、盘之上（图 11-1），是康熙末年精品广珐琅的习见手法。

山水图盘（图 56-1 左）。内壁锦地开光内的花蝶纹，

图 56-1 左：广珐琅锦地开光山水图盘，美国加州亚洲艺术品拍卖公司拍品（2017.3.lot1062）
　　　　右：广珐琅锦地开光山水图盘锦地与"玉峰杨琳"款盘锦地对比

图 56-2 左：广珐琅锦地开光山水图盘（局部）
　　　　右：弘仁，《江山无尽图》（局部），日本泉屋博古馆藏

图 57 左：广东款彩漆屏风局部，康熙丁酉年（1717），佳士得拍品（巴黎 2010.12）
　　　中：广珐琅叶形开光西洋人物图积红盘，《18 世纪的中国画珐琅》收录
　　　右：广东款彩漆屏风局部，Skinner 拍品（波士顿 2016.3）

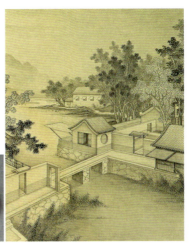

图 58　左：　广珐琅西洋人物瑞兽盘，佳士得拍品
　　　　　　（纽约 2017.1，Lot307）
　　　　中上：广珐琅西洋人物瑞兽盘底部
　　　　中下："康熙御制"画珐琅花卉纹盏托
　　　　　　故宫博物院藏
　　　　右：　焦秉贞，山水楼阁册之九
　　　　　　台北故宫博物院藏

图 59
广珐琅西洋人物瑞兽盘
中国国家博物馆藏

与大英博物馆藏广彩"又辛丑年制"款积红杯、盘的花蝶纹（图 18 下），如出一人之手。盘内壁的锦地纹也与"玉峰杨琳"款瓷器毫无二致（图 56-1 右、11-1 左）。山水的构图、皴染，人物、亭台、楼阁等勾勒，用笔恣肆苍劲，洗练简逸，淋漓洒脱，具清初四僧之一弘仁（1610～1663 年）山水风貌（图 56-2），是康熙广珐琅山水题材的代表作。

叶形开光西洋人物图盘。《18 世纪的中国画珐琅》收录（图 57 中）[72]。装饰极富艺术性，盘心叶形开光绘中式庭院，一对西洋情侣坐卧华丽地毯之上。叶形开光，应是受康熙朝广东款彩漆屏风装饰的影响。华美的锦纹地毯，也见于康熙朝广东款彩漆屏风之上（图 57 左），是康熙朝的时尚元素。器底绘狮纹，与康熙朝款彩漆屏

风上的狮纹特点相同（图 57 右）。盘外壁的积红，其上再加略深红色缠枝花卉，是康熙末年"积红"器物中最考究华美者。

西洋人物瑞兽盘（图 58 左）。盘心构图借鉴了景德镇五彩瓷器装饰；盘外壁的开光花卉与故宫博物院藏"康熙御制"款画珐琅花卉纹盏托的开光形式、花卉的特点颇为一致（图 58 中下），可明显看到广珐琅对宫廷珐琅的影响。而建筑的呈现，则有清康熙焦秉贞的影响（图 58 右）。类似装饰的盘，中国国家博物馆、英国维多利亚与艾尔伯特博物馆也有收藏。中国国家博物馆所藏（图 59），盘心绘西洋人物庭院图，冰裂纹瓷器、冰纹墙体、洞石均具中国特色。湘妃竹栏杆受焦秉贞等清初画家影响（图 73 右）。外壁锦纹的蓝色发色不佳，早期广珐琅

72　Khalil Rizk, Jana Volf, Margaret Kaelin, *Chinese Painted Enamels of the 18th Century*, New York, The Chinese Porcelain Company, 1993.plate41.

图60 左：圣家族版画，1593年，卢浮宫藏
中：广珐琅西洋人物瑞兽图盘，英国维多利亚与艾尔伯特博物馆藏
右：康熙五彩瑞兽图盘，美国费城博物馆藏

图61 广珐琅圣约瑟与圣子图盘
苏富比拍品（纽约2017.3）

的缺陷显露无遗。维多利亚与艾尔伯特博物馆所藏（图60），盘心绘天主教圣家族题材，圣母玛利亚怀抱裸体圣子，前方是圣约瑟，侧身为持十字架的圣约翰，身后是圣母的母亲圣安妮。开光瑞兽、折枝花，盘底精美的云龙，均具早期广珐琅特点。

圣约瑟与圣婴图盘（图61）。以缠枝花卉为地，连弧开光内绘圣约瑟和圣子耶稣，是少见的天主教题材。盘外壁施积红釉，底部绘团花一朵。胎体厚重、红彩凝厚、胭脂红沉稳、青料灰蓝，具早期广珐琅风貌。

花蝶纹盘。俄罗斯圣彼得堡艾尔米塔什博物馆（图62右）、新加坡亚洲文明博物馆有藏（图63右），也见于豪尔赫·威尔士旧藏（图64）。这类盘尺寸较大，多达六个开光，装饰与康熙朝景德镇五彩格调相仿（图62左）。其装饰华丽，花蝶昆虫细腻传神，锦地考究富

于变化，盘的外壁及器底均装饰精美图案。这类盘上的精美锁子锦纹，见于杨琳定制的广彩杯盘之上（图11-1左），时代特色鲜明。特别是豪尔赫·威尔士旧藏花蝶纹盘，盘外壁的积红，其上再加略深红色缠枝花卉，是康熙末年"积红"器物中罕有精品。

另有一类装饰稍简略的瓜蝶秋虫纹盘（图65上），盘沿锦地风格与康熙三十二年广东款彩屏风的锦地风格、色彩一致（图65下），蝴蝶、瓜果采用西方珐琅擅长的点染技法，极具表现力。

英国维多利亚与艾尔伯特博物馆藏一件精美的御龙仙女图盘，是早期广珐琅中少见的道教题材（图66左）。开光内的蝴蝶、花鸟、山水，外底的仙鹤等细腻传神，艺术水平极高。装饰风格与前述花蝶纹盘相同，开光装饰与康熙景德镇五彩相类（图66右），海水表现，则有

图62　左：康熙五彩洒蓝开光人物图盘，美国费城博物馆藏
　　　右：广珐琅锦地开光花蝶纹盘（局部），俄罗斯艾尔米塔什博物馆藏

图63　左：禹之鼎《王原祁艺菊图》书桌局部，故宫博物院藏
　　　右：广珐琅锦地开光花蝶纹盘，新加坡亚洲文明馆藏

图64　广珐琅锦地开光花蝶纹盘
　　　豪尔赫·威尔士旧藏

图 65 上：广珐琅瓜蝶纹盘
邦瀚斯拍品（爱丁堡 2007.7，Lot41）
下：端州款彩漆屏风局部
康熙三十二年（1693）广东省博物馆藏

模仿康熙朝广州款彩漆屏风的遗痕（图 44 上左、中）。盘内壁口沿一周的"T"字装饰带、外壁的开光山水、锦地纹的手法，则与大维德中国艺术基金会藏《雍正六年古玩图》中所绘广珐琅罐的装饰特征颇为一致（图 26 左）。

俄罗斯艾尔米塔什博物馆藏广珐琅锦地开光"圣家

族"图盘（图 67 左），与前述花蝶纹盘构图、风格类似，五开光，主题图案换成了西洋人物。画面正中为圣母玛利亚，身侧圣约瑟倚树而立，圣母身前的年长童子是圣约翰，年幼捧十字架的显然是圣子耶稣。

英国牛津大学阿什莫林博物馆藏天主教图记盘（图 68 上）[73]。盘底以黑彩描绘拉丁字母、符号和变形十字架天主教图记。以教堂为背景，盘心绘圣母玛利亚与圣约瑟坐于石台上。圣母怀抱圣子耶稣，膝下为圣约翰。伸手抱圣子的应是圣母玛利亚的母亲圣安妮，左侧白发老者为圣安妮丈夫。该盘的装饰满密，设色鲜艳，盘外壁的冰裂纹具康熙朝特色；盘外壁花卉的开光、色彩、笔法，还与故宫博物院藏"康熙御制"花卉纹盏托上的花卉的气韵十分相合（图 58 中下）。盘外壁的冰纹则与台北故宫藏"康熙御制"花卉纹盘底部的冰纹如出一手（图 68 右下）。盘内底一周的"T"字装饰带，则与大维德中国艺术基金会藏《雍正六年古玩图》中所绘广珐琅盖面装饰带完全相同（图 26 左）。

"圣家族"图盘。1969 年美国纽约首次中国画珐琅专题展展出（图 69）。盘心圣母玛利亚、圣约瑟、圣子与圣约翰的构图，与天主教图记盘类似（图 68 上），衬景的山石树木及果盘、冰裂瓷器、花瓶等具中国特色。盘心人物、衬景的构图、晕染，外壁的折枝花、蝴蝶、昆虫，笔法细腻传神，技艺高超。

俄罗斯艾尔米塔什博物馆藏历史人物故事图盘（图 26 中）。盘内壁一周八角锦纹，与大维德中国艺术基金会藏《雍正六年古玩图》中广珐琅罐的锦纹如出一辙（图

73 Garner Harry,1967. *The Origins of Famille Rose*, Transactions of Oriental Ceramic Society, vol 37, pp.1-16. plate11.

图 66　左：广珐琅锦地开光神仙故事图盘，英国维多利亚与艾尔伯特博物馆藏
　　　　右：康熙五彩开光花鸟纹盘，英国维多利亚与艾尔伯特博物馆藏

图 67
左：广珐琅锦地开光"圣家族"图盘
　　俄罗斯艾尔米塔什博物馆藏
右：意大利安德烈·德尔·萨尔托，"圣家族"油画
　　大都会艺术博物馆藏

26左）。色彩沉稳厚重，人物、马匹的勾勒渲染，细腻传神，还与康熙广东款彩屏风的手法，颇为神似（图 26 右），是康熙朝少见的广珐琅人物精品之作。

　　牛津展图录封面花鸟纹盘，堪称最美广珐琅花鸟盘（图 70 左）[74]。盘内沿蓝料花卉边饰，以中空手法绘就，也是"康熙御制"画珐琅流行的装饰技法（图 70 右下）。色彩鲜艳沉稳，绘画考究，鸟羽、枝干、花叶皴染、阴阳向背，无一不精，尤其黄鹂之神态，一只倒悬枝头，

一只以翅掩面，令人拍案叫绝。其艺术水平之高，远非康熙宫廷珐琅可比。类似该盘花枝横出的黄鹂，也见于康熙广东款彩漆屏风之上（图 70 右上），推测早期广珐琅的装饰，或有款彩画师的参与。

　　海棠盘。哈利·加纳《玫瑰红的起源》一文收录的"圣家族"图海棠盘（图 71 左）[75]，盘内绘以教堂为背景的庭院，石台旁端坐读经女士，头顶冠冕，仪态端庄，是圣母玛利亚（图 71 右上）。石台前为圣约翰与圣子耶

74　Michael Gillingham, *Chinese painted enamels: catalogue of an exhibition held in the Ashmolean Museum Department of Eastern Art*, June & July 1978. fig. 36.

75　Garner Harry, *The Origins of Famille Rose*, Transactions of Oriental Ceramic Society, vol 37, pp.1-16. 1967. plate7.

图 68
上： 广珐琅锦地开光"圣家族"图盘，英国牛津大学阿什莫林博物馆藏
左下：彼得·保罗鲁本斯，"圣家族"油画，17 世纪，大都会艺术博物馆藏
右下："康熙御制"花卉纹盘底部冰纹，台北故宫博物院藏

稣，形象被中国化。画面左侧长络腮胡者为圣约瑟。画面融入诸多中国元素，如人物手中的团扇、佛手，石台上的冰纹罐、花瓶、带座果盘等。人物衣饰多条索状褶皱，哈利·加纳（Harry Garner）认为是典型 18 世纪早期风格。彩料凝厚，往往高出白色釉面。蓝色已可分出深浅层次。盘背面绘中国山水，构图、皴法、色彩晕染与

广东康熙款彩漆屏风相类（图 71 右下），有趣的是山水间融入了欧式建筑，一座"冰裂纹"桥上绘两洋人形象。类似的另件广珐琅"圣家族"图海棠盘（图 72 左），其彩料、人物、绘画特征，与台北故宫藏清康熙锦地开光西洋仕女肖像画碗几近一致（图 72 右）。这表明，台北故宫藏西洋仕女肖像画碗，虽无法确定其是在广州还是

图 69
广珐琅 "圣家族" 图盘
Chinese painted enamels from
private and museum collection 收录

图 70
左： 广珐琅花鸟纹积红盘
1978 年牛津大学阿什莫林博物馆
中国画珐琅展目录收录
右上：广东款彩漆屏风局部，康熙
右下："康熙御制" 画珐琅花卉纹瓶局部
台北故宫博物院藏

图 71
左： 广珐琅 "圣家族" 图海棠式盘
哈利·加纳《玫瑰红的起源》一文
收录
右上：广珐琅盘圣母玛丽亚局部与 17 世
纪弗朗西斯科·里兹《圣母玛利亚》
对比图
右下：广东款彩漆屏风局部，康熙
佳士得拍品（伦敦 2015.11.18）

图 72　左：广珐琅"圣家族"图海棠式盘，苏富比拍品（纽约 2018.9.12，Lot281）
　　　　右：康熙锦地开光西洋仕女肖像画碗"大明弘治年制"款，台北故宫博物院藏

宫廷加彩，但一定是出自广匠之手。

俄罗斯艾尔米塔什博物馆藏海棠盘（图 73）[76]，描绘洋人于高台庭院中聚餐。右侧石台上摆放着冰纹瓷器、洞石、树木绘工考究，特别是湘妃竹栏杆的质感、色彩惟妙惟肖，是清早期画坛流行的时尚元素，其绘画技法来自焦秉贞、冷枚（约 1669～1742）等宫廷画家的影响（图 73 右）。

1957 年美国威明顿曾展出一件西洋佩剑人物图海棠盘（图 74），当时就被认定为康熙制品[77]。该盘也绘精美湘妃竹栏杆，冰裂瓷器陈设在左侧石台上。特别是假山、绣墩，完全是从康熙朝广州款彩漆器上移植而来（图 74 中、右）。

倭角长方盘。哈利·加纳（Harry Garner）《玫瑰红的起源》收录（图 75 左）。绘工精细，色彩艳丽，山石、树木皴染细腻，盘内绘以传统山水为衬景的西洋人物。画面中跪于主人前的天使，似与天主教有关。外壁的冰梅纹绘工考究。盘背面黄蓝两龙云水翻腾，墨彩绘就的漩涡状水纹及飘动云纹，显然借鉴了康熙朝广东款彩漆屏风的意匠（图 75 右）。

椭圆盘。海外藏（图 76 上）。其造型受欧洲利摩日珐琅影响（图 76 左下）。盘心表现的是圣母玛丽亚与成年耶稣促膝交谈情景（图 76 右下）。以西洋透视法绘西式建筑内景，室内人物、衣饰、坐席、纱帘描绘精细，中国特色的桌子、绣墩、盘子、冰纹花瓶点缀其中。开光内西洋风格的细密卷草纹、深沉的胭脂红色，具早期珐琅特点。

76　Tatiana B. Arapova, *Kita Skie Raspisnye mali: Sobranie Gosudarstvennogo Rmitazhsa* (Chinese Painted Enamels: A Collection of the State Hermitage Museum), Moscow: Iskusstvo, 1988.

77　David Hunt Stockwell, Chinses Export Porcelain and Enamels. Exhibition, Sept. 25-Oct. 27. The Wilmington Society of the Fine Arts. Delaware Art Center Building, Wilmington, 1957.fig.322.

图 73　左：广珐琅西洋人物海棠式盘，俄罗斯艾尔米塔什博物馆
　　　　右：焦秉贞《秋庭放鹞图》局部，歌德拍品（2011 春）

图 74　左：　广珐琅西洋人物海棠式盘，Chinese export porcelain and enamelst 收录
　　　　中：　广东款彩漆屏风局部，康熙丁酉年（1717），佳士得拍品（巴黎 2010.12）
　　　　右上：广珐琅西洋人物海棠式盘局部
　　　　右下：广东款彩漆柜局部，康熙，佳士得拍品（巴黎 2012.4）

3. 碗

盖碗。康熙五十七年（1718），两广总督杨琳奏折曾提及制成"盖碗一对"，可知盖碗是康熙末年广珐琅的流行器类。

有一类带天主教题记盖碗，如俄罗斯艾尔米塔什博物馆藏西洋开光人物盖碗（图 77）[78]，圈足内以黑彩描绘拉丁字母、符号及变形十字架天主教图记。该碗工艺尚欠精致，绘画具初创特点，造型与台北故宫藏"康熙御制"紫砂胎画珐琅盖碗特点相同（图 81）。造型虽为中国特色的茶碗，但装饰为教堂等天主教元素。类似茶

78　Tatiana B. Arapova. 1988. Kita Skie Raspisnye mali: SobranieGosudarstvennogo Rmitazhsa (Chinese Painted Enamels: A Collection of the State Hermitage Museum). Moscow: Iskusstvo.

图 75
左：广珐琅西洋人物长方盘
　　哈利·加纳《玫瑰红的起源》一文收录
右：广东款彩漆屏风云龙纹局部
　　康熙，苏富比拍品（巴黎 2012.6）

图 76　上：广珐琅圣母玛丽亚与圣子图椭圆盘，佳士得拍品（伦敦 2015.11.Lot850）
　　　　左下：法国利莫日珐琅神话人物图椭圆盘，俄罗斯艾尔米塔什博物馆藏
　　　　右下：意大利斯特凡诺·德拉·贝拉，《圣家族》版画，大都会艺术博物馆藏

图 77　广珐琅开光西洋人物盖碗
　　　　俄罗斯艾尔米塔什博物馆藏

图 78　广珐琅开光西洋人物盖碗
　　　　豪尔赫·威尔士、约格编著《华彩绽放：铜胎画珐琅器》收录

碗，还收录于豪尔赫·威尔士与约格编著的《华彩绽放：铜胎画珐琅器》书中（图 78）[79]。另有大卫·亨特·斯托克韦尔夫妇旧藏的西洋人物烹茶图碗（图 79）[80]，失盖，底部也有天主教题记。器身绘西洋人围坐于中式茶炉周围，与该茶碗的用途颇为契合。

有一件独特的题记碗（图 80）[81]，碗盖绘通景山水，西洋建筑点缀其中。碗外壁以山林为背景，绘西洋人物。碗外底和盖顶以黑色珐琅描绘双线方框，内署字母、符号题记，推测也与天主教有关。

哈利·加纳（Harry Garner）最早关注到天主教图记的器物，并认为其是早期广珐琅器物中的一群。哈利勒·瑞兹（Khalil Rizk，1953～2001）则明确指出其是最早的康熙广珐琅[82]。对这类天主教图记的具体意涵，早年哈利·加纳曾与多个领域的权威专家进行过讨论，但始终无解。哈利·加纳（Harry Garner）认为，这可

能是传教士通过特别图记传播信仰的一种方式。

《18 世纪的中国画珐琅》收录一件广珐琅积红地开光西洋人物盖碗（图 82）[83]。开光内有天主教堂衬景，绘圣母玛利亚与圣子、约瑟夫与圣子等形象。圣约瑟手中持中国特色的如意。衣饰条索状褶皱，具早期广珐琅特点。

美国费城艺术博物馆藏西洋人物盖碗（图 83）。棕红色珐琅料深沉凝重，树冠的密集点染、开光以外的冰裂纹，均具早期珐琅特点。海外所见另一西洋人物盖碗（图 84），珐琅呈色、教堂、西洋人物的绘画技法、树木的皴染、香几上的冰裂花瓶，均与天主教图记盖碗（图 77、78）特征相同。类似盖碗还见于传法国总统保罗·杜美（Paul Doumer1857-1932）旧藏（图 85）。

阿尔弗雷德·克拉克（Alfred Clark）夫妇旧藏广

79　Jorge Welsh (ed.) (Author), article by Christiaan J. A.Jörg (Author), *China of All Colours: Painted Enamels on Copper*, Jorge Welsh Research and Publishing, 2015.

80　J.A. Lloyd Hyde, *Chinese Painted Enamels from Private and Museum Collection*, China Institute in America New York, China House Gallery, 1969. fig.20.

81　*Oriental Works of Art*, Gerard Hawthorn Ltd., June 2002, catalogue no.47.

82　Khalil Rizk, Jana Volf, Margaret Kaelin, *Chinese Painted Enamels of the 18th Century*, New York, The Chinese Porcelain Company, 1993. fig.40.

83　Khalil Rizk, Jana Volf, Margaret Kaelin, *Chinese Painted Enamels of the 18th Century*,, New York, The Chinese Porcelain Company, 1993. fig.52.

图 79　广珐琅西洋人物烹茶图碗
　　　　大卫·亨特·斯托克韦尔夫妇旧藏

图 80　广珐琅开光西洋人物盖碗
　　　　海外藏

图 81　"康熙御制"宜兴紫砂胎画珐琅盖碗
　　　　台北故宫博物院藏

图 82　广珐琅积红地开光西洋人物盖碗
　　　　《18 世纪的中国画珐琅》收录

图 83　广珐琅开光西洋人物盖碗
　　　　美国费城艺术博物馆藏

图 84　广珐琅西洋人物盖碗
　　　　Joanies House of Treasures 拍品

图 85　广珐琅西洋人物盖碗
　　　　法国总统 Paul Doumer 旧藏

图 86
左上：恽寿平 山水花鸟册之一
　　　故宫博物院藏
左下：广珐琅牡丹纹盖碗
　　　阿尔弗雷德·克拉克夫妇旧藏
右：　"康熙御制"玉堂富贵瓶
　　　台北故宫博物院藏

图 87　广珐琅开光西洋人物图碗
　　　及底部天主教图记
　　　英国维多利亚及艾尔伯特
　　　博物馆收藏

313

图88 广珐琅开光西洋人物图碗及底部天主教图记
伊丽莎白·哈尔西小姐旧藏

花叶讲求阴阳向背，婀娜多姿，富于变化，是广珐琅花卉的扛鼎之作。特别是该碗的白色珐琅底釉洁白、牡丹纹粉、紫、黄等发色鲜艳明快，与康熙五十七年两广总督杨琳奏折中"所制白料洁白光亮，红料鲜明"颇为吻合。

碗。早期广珐琅中还有一批带天主教图记的碗。如英国维多利亚与艾尔伯特博物馆藏开光人物碗（图87），题材与"圣家族"有关。另件基本相同的开光西洋人物碗，是伊丽莎白·哈尔西小姐（Mrs. Elizabeth Halsey Dock）的旧藏（图88）[84]，早年就被认为是康熙年间珐琅制品[85]。

早期广珐琅中还可见到一类精美的锦地开光西洋人物碗（图89、90）。碗心所绘折枝瓜果，见于康熙款彩屏风之上，完全效法恽南田等的笔法（89右[86]），与前文论及的积红折枝花果纹盘（图51、52），时代风格一致。所绘西洋人物与天主教图记碗的特征相同（图87、88）。这类碗的锦地华丽写实，应是直接从康熙朝的织锦摹绘而来。另有海外所见积红地开光西洋人物碗（图91），其西洋人物也与天主教题记碗的特征相同（图87、88）；还有一件锦地开光僧人渡江图碗（图92），开光内人物特点与前文所提达摩渡江纹盘一致（图44下），两种锦地搭配的手法，也具早期珐琅特点。

4. 杯

倭角方杯、盘。维多利亚与艾尔伯特博物馆藏西洋人物倭角方杯、托盘一套。盘内绘教堂为背景的西洋人物，杯体开光内绘人物，似为圣母、圣子（图93）。另见故宫博物院藏一对广珐琅单柄方杯，托盘已失，其中一杯开光内绘西洋人物持十字架（图94）。其杯体的六角锦纹，见于康熙四十四年《妙法莲华经观世音菩萨普门品》封面织锦，完全是从康熙朝织锦临摹而来（图139左下）；另见一西洋人物倭角方盘，配套方杯已失。折沿的锦地

珐琅牡丹纹盖碗（图86左下），其牡丹纹点染技法，与宫廷"康熙御制"玉堂富贵瓶的牡丹纹手法如出一辙（图86右），应是借鉴了恽南田牡丹的没骨法（图86左上），

84　*Chinese export porcelain and enamels*, [Exhibition] Sept. 25-Oct. 27, 1957. The Wilmington Society of the Fine Arts, Delaware Art Center Building, Wilmington, Descriptive text by David Hunt Stockwell.fig.290.

85　Khalil; Volf, Jana; Kaelin, Margaret Rizk, *Chinese Painted Enamels of the 18th Century*, New York, The Chinese Porcelain Company, 1993.fig.40.85

86　恽寿平绘：《恽寿平画集》，南京：江苏美术出版社，1998年。

图89 左：　广珐琅锦地开光西洋人物碗，海外藏
　　　右上：恽寿平《花卉册》之一，《恽寿平画集》收录
　　　右下：广东款彩漆屏风局部，康熙，邦瀚斯拍品（伦敦 2017.5）

图90 广珐琅锦地开光西洋人物碗，英国牛津大学阿什莫林博物馆藏

图91 广珐琅积红地开光西洋人物碗
邦瀚斯拍品（伦敦 2006.3.lot.164）

图92 广珐琅锦地开光僧人渡江图碗
保利拍卖（北京）

图93 广珐琅锦地开光西洋人物
倭角方杯、托盘一套
英国维多利亚与艾尔伯特博物馆藏
（Herman von Mandl 旧藏）

装饰华丽，盘心一对西洋情侣坐于中式长椅之上，碟外壁的黄底冰梅甚为罕见，外底的折枝花卉具早期广珐琅特点（图95）。早期广珐琅的倭角方碟工艺考究、胎体厚重，均是平折沿，与后期的直口沿不同，方杯附单耳、双耳或无耳，装饰多天主教元素。

海棠杯、盘。艾尔米塔什博物馆藏西洋人物海棠杯、盘一套，盘内绘教堂背景的西洋人物，海棠碟造型饱满，为康熙朝特色（图96）。海外曾见由多套海棠杯盘组成的整套组合（图97）。另有广珐琅西洋人物海棠式杯、盘（图98、99）以及《18世纪的中国画珐琅》一书收录多件西洋人物海棠盘，配套的盘或杯子遗失。有的托盘

绘西洋人物持十字架，具天主教色彩（图100）。

葵口杯、盘。见于牛津展（图101）。盘心为精美的锦地轮花形开光，内绘花蝶纹。本书收录的广州十三行博物馆藏花蝶纹葵花形碟，外壁的冰梅勾勒考究，配套的葵口杯已失（本书第71页）。此类杯、盘上的灰蓝色人字锦，杯体两种锦地的搭配，见于杨琳定制广彩杯、盘（图11-1左），具康熙朝特色。

深腹杯。见于牛津展（图102左）。杯腹绘开光西洋人物，两色锦地上下搭配，具早期特色。深腹杯造型，与康熙朝景德镇瓷器中流行的仰钟式杯（又称铃铛杯）具共同时代特征（图102右），为康熙朝流行的杯式。

图 94　广珐琅锦地开光西洋人物倭角方杯，故宫博物院藏

图 95　广珐琅锦地开光西洋人物倭角方托盘，美国纽约 Eddie's Auction，（纽约 2020.5）

圆杯。最具代表性的是前文论及的"己亥"款（康熙五十八年，1719）及"辛丑"（康熙六十年，1721）款广珐琅花蝶纹杯（图 7 中、8）；埃尔米塔什博物馆藏两件圆杯，一高一矮，均是锦地开光，两种锦地上下搭配，一件开光内绘西洋人物持十字架，胎体厚重，鎏金质量高，早期特色鲜明（图 103）。本书收录的香港中文大学文物馆及天津博物馆各藏开光西洋人物图杯（本书第 42、43 页），开光以外均以布满杯体的花朵为地，开启了后世"万花锦"装饰的先河。两杯内的淡蓝釉装饰，也颇具早期特色。

套杯。上海私人旧藏的广珐琅锦地开光花卉纹九件套杯，其规格从大到小递减，装饰风格相同，色彩各异，均为两种锦地上下搭配，开光绘折枝花，开光间以团寿（图 104）。广东省博物馆藏开光花卉纹杯两件，一大一小，应是失群的套杯（图 105）。如意开光内的鸢尾花、罂粟花，花枝横出，花头比例较大，艺术感很强，系借鉴恽南田的花卉技法，是早期画珐琅流行题材。该杯外壁锁子锦见于杨琳定制广彩杯、盘（图 11-1 左），早期特色鲜明。

图 96 广珐琅锦地开光西洋人物海棠式杯、盘一套，俄罗斯埃尔米塔什博物馆藏　　图 97 广珐琅锦地开光西洋人物海棠式杯、盘一组，私人藏

图 98 广珐琅锦地开光西洋人物海棠式杯，海外藏　　　　　图 99 广珐琅锦地开光西洋人物海棠式托盘，海外藏

图 100 广珐琅锦地开光西洋人物海棠式托盘　　　　　　　　图 101 广珐琅锦地开光花蝶纹葵口杯、托盘一套
　　　　《18 世纪的中国画珐琅》收录　　　　　　　　　　　　1978 年英国牛津大学阿什莫林博物馆中国画珐琅展目录收录

图 102
左：广珐琅锦地开光西洋人物深腹杯，1978 年英国牛津大学阿什莫林博物馆中国画珐琅展目录收录
右：康熙青花铃铛杯，故宫博物院藏

图 103　广珐琅锦地开光西洋人物杯两件，俄罗斯艾尔米塔什博物馆藏

图 104　广珐琅锦地开光花卉纹套杯　上海私人藏家旧藏

图 105
上左：恽寿平《花卉册》之《鸢尾花》
　　　上海博物馆藏
上右：胤禛十二美之《美人展书》
　　　中书函的人字锦
　　　故宫博物院藏
下：　广珐琅锦地开光花卉纹杯
　　　广东省博物馆藏

高足杯。牛津展展品（图 106）[87]。高 6.7 厘米，喇叭状高足，碗深腹。外壁以西洋建筑为背景，绘西洋人物，技法古拙。西洋人物手捧插有珊瑚的冰裂纹花瓶，具中国特色。胭脂红、紫、深红等色彩凝厚饱满。条索状衣纹、厚重的胎体、口部高质量的鎏金，具早期广珐琅的特点。本书收录的另件圣母圣子图高足杯（见本书第 37 页），体量较大，器外的"积红"、碗内底饰圣母圣子，具康熙朝特色。

5. 盆

唐秉钧《文房肆考图说》载："从两广来者，世称为洋磁，亦以铜作骨，嵌磁烧成。尝见炉、瓶、盏、楪、澡盘、壶、盒等器，虽甚绚彩华丽而欠光润，仅可供闺阁之用，非士大夫文房清玩也。"其中澡盆即指广珐琅盆，

图 106　广珐琅西洋人物高足杯
　　　　1978 年英国牛津大学阿什莫林博物馆
　　　　中国画珐琅展图录收录

87　Michael Gillingham, *Chinese painted enamels: catalogue of an exhibition held in the Ashmolean Museum Department of Eastern Art*, 1978. p.32.

图 107　左：广珐琅西洋人物大盆，天津博物馆藏
　　　　右：康熙青花龙纹花盆，故宫博物院藏

图 108
上左：广东款彩漆屏风局部，康熙，邦瀚斯拍品（伦敦 2018.5）
上右：广东款彩漆屏风局部，佳士得拍品（巴黎 2016.6）
下：　广珐琅锦地开光鸳鸯纹大盆，英国 Cohen&Choen 藏

图 109
广珐琅锦地开光西洋人物提梁壶
邦瀚斯拍品（2023.3 Lot1155）

图 110　左：广珐琅锦地开光西洋人物提梁壶　海外藏
　　　　中：广珐琅锦地开光西洋人物提梁壶
　　　　　　俄罗斯艾尔米塔什博物馆藏
　　　　右：广珐琅锦地开光西洋人物壶　豪尔赫·威尔士旧藏

是广珐琅中体量最大和装饰最精美的一类。天津博物馆藏西洋人物大盆（图 107 左），盆内的西洋人物以教堂为衬景，女主人一手拈康乃馨[88]，一手指向教堂，天主教意味浓厚。该盆工艺考究，山石皴染为中国传统技法，人物教堂以西法绘就，中西合璧，装饰华美。底部的双龙具康熙朝特征（图 107 右）。

本书收录的香港水松石山房藏一大盆（本书第 45 页），盆内连弧开光内的玲珑假山、石台、绣墩，盆外底的山水，与康熙朝广东款彩漆器同类装饰如出一辙（图 74 中、左下）。盆外底以四种不同的锦地为饰，见于康熙朝青花瓷器（图 40 右）。连弧内开光绘精美山水，艺术水平极高，折沿下的淡绿色的冰纹辅以粉色梅花，晕染层次富于变化，华丽至极。

鸳鸯纹大盆（图 108 下），设色艳丽，鸳鸯、洞石、花卉无一不精，折沿的人字锦纹，见于杨琳定制的广彩杯碟（图 11-1 左），时代特色鲜明。折沿上下的多开光设计，与景德镇康熙朝五彩的设计如出一辙。特别是鸳鸯纹及水纹、芙蓉花、底部精美的松鹤图，其勾勒晕染

的手法与康熙朝广东款彩漆器如出一手，透露出两种工艺间可能存在的深度关联（图 108 上）。此类大盆，康熙以后仍有制作，本书收录的另件鸳鸯纹大盆（本书第 127 页），是乾隆年间的制品，装饰艺术已趋向没落一途。

6. 壶

提梁壶。第一式，壶体鼓形，上置提梁。以本书收录香港世德堂藏西洋人物提梁壶为例（本书第 39 页），装饰与前文提及的英国维多利亚与艾尔伯特博物馆藏天主教图记广珐琅西洋人物图碗风格一致，同属一群（图 87）。

第二式，壶体倭角方形，上置提梁，器身饰锦地开光西洋人物（图 109）。整体工艺略显粗糙，彩料发色及釉面光泽欠佳，具初创特点。条索状衣纹、胭脂红卷草，具康熙广珐琅特点。

第三式，海棠式壶体，上置中空扁圆提梁（图 110）。海外藏一件开光花鸟纹提梁壶（图 111），提梁

88　据传说，康乃馨是在耶稣受难后出现的。当圣母玛利亚为儿子的死而哭泣时，她的眼泪掉到地上结成了一朵朵康乃馨。

图111　左：　广珐琅锦地开光花鸟纹提梁壶，海外藏
　　　　右上：广珐琅锦地开光花鸟纹提梁壶与广彩花蝶纹盘对比
　　　　右下：广东款彩漆屏风局部，康熙丁卯年（1687），邦瀚斯拍品（伦敦2018.11）

图112　左1：广珐琅锦地开光人物图执壶，1978年英国牛津大学阿什莫林博物馆中国画珐琅展目录收录
　　　　左2：广珐琅锦地开光花卉纹执壶，纽约Ralph M. Chait Galleries藏
　　　　右2：广珐琅锦地开光山水图执壶，法国福羲国际拍卖公司（Feci auction, 2013.12）
　　　　右1：广东款彩漆屏风局部，康熙二十九年（1690），大都会艺术博物馆藏

做过改动，壶流所在部位的花蝶纹，与前文提及的"又辛丑年制"杯配套托盘所绘花蝶纹，两者色彩、技法等细节如出一手，表明此时的广珐琅与广彩可能在同一工坊内完成（图111右上）。该壶的锦地纹，见于康熙二十六年丁卯（1687年）广东款彩漆屏风之上（图111右下）。另该壶白色珐琅底釉细白光洁，折枝花的胭脂红花朵色泽明快，也与杨琳康熙五十七年奏折所言"白料洁白光亮""红料鲜明"相吻合，可知该壶应是康熙末年广珐琅进入成熟期的作品。可归入该类的还有艾尔米塔什博物馆藏开光西洋人物提梁壶[89]、豪尔赫·威尔士旧藏的锦地开光西洋人物壶等（图110中、右）。

89　Tatiana B. Arapova. 1988. *Kita Skie Raspisnye mali: SobranieGosudarstvennogo Rmitazhsa (Chinese Painted Enamels: A Collection of the State Hermitage Museum)*. Moscow: Iskusstvo.

图 113
上：禹之鼎《牟司马相图》局部，中国美术馆藏
下：广珐琅锦地开光西洋人物执壶，佳士得拍品（伦敦 2012.11.Lot7309）

第四式，即前文论及的"辛丑"款开光山水图提梁壶及牛津展目录收录的广珐琅开光山水图提梁壶（图15、16），是康熙末年珐琅精品。

执壶第一式，瓜棱执壶。牛津展展品（图112左1）。该壶成型工艺复杂。器身锦地开光，间饰西洋人物与中国仕女。腹部两种锦地搭配的装饰，颈部的缠枝花卉，具早期特色。类似的执壶还见于纽约 Ralph M. Chait Galleries 的收藏，只是开光换成了折枝花卉，色彩饱满，艺术水平颇高。上腹部所绘锁子锦，见于杨琳定制的广彩杯碟（图11-1）。海外藏另件瓜棱执壶，总体风格同前，开光内绘山水人物（图112右2），其山水构图、色彩晕染与康熙朝广东款彩漆屏风所见山水风格，颇为一致（图112右1）。

第二式，方形执壶。海外藏一对西洋人物执壶，分别以中西庭院为背景，其中一壶绘持杖老者、持如意妇人与两童子嬉戏，显然是对天主教流行的"圣家族"题材的中国化改造（图113下）。壶体一周的特殊不规则锦纹，见于禹之鼎"牟司马相图"的榻垫之上（113上），是康熙朝时尚元素。壶嘴上的空心卷草，具早期广珐琅特色。

7. 笔筒

有筒形、倭角两式。

牛津展所见山水图筒形笔筒，山水构图、皴法，见于康熙朝广东款彩漆屏风之上，具典型康熙风貌（图114）。迈克尔·吉林厄姆（Michael Gillingham）也

图114　左：广珐琅山水图笔筒，1978年英国牛津大学阿什莫林博馆中国画珐琅展目录收录
　　　　右：广东款彩漆屏风局部，清　康熙，苏富比拍品（纽约2013.9）

图115　广珐琅锦地开光西洋人物图倭角方笔筒
　　　　邦瀚斯拍品
　　　　（旧金山2014.6.Lot6514）

图 116　广珐琅西洋人物图水盂
　　　　1978 年英国牛津大学阿什莫林博物馆
　　　　中国画珐琅展目录收录

图 117　广珐琅锦地开光西洋人物圆盖盒
　　　　《18 世纪的中国画珐琅》收录

图 118　广珐琅开光山水人物盖盒
　　　　邦瀚斯拍品（伦敦 2012.9.Lot130）

图 119　广珐琅西洋人物图盒
　　　　1978 年英国牛津大学阿什莫林博物馆
　　　　中国画珐琅展目录收录

图 120　左：广珐琅山水图唾盂
　　　　　1978 年英国牛津大学阿什莫林博物馆中国画珐琅展目录收录
　　　　右：广珐琅山水图唾盂，大都会艺术博物馆藏

图 121　宫廷画珐琅花卉纹唾盂
　　　　清 乾隆
　　　　故宫博物院藏

图 122　广珐琅锦地开光西洋人物唾盂　　　　　图 123　广珐琅锦地开光花蝶纹盒
　　　　　《18 世纪的中国画珐琅》收录　　　　　　　　　　　佳士得拍品（纽约 2010.1）

图 124　左：广珐琅胭脂红地寿字纹唾盂
　　　　　右：广珐琅山水图唾盂，1978 年英国牛津大学阿什莫林博物馆中国画珐琅展目录收录

认为该笔筒年代为康熙时期[90]。

　　海外所见一件倭角笔筒（图 115），其锦地的各式开光设计，明显从康熙朝广东款彩屏风的装饰借鉴而来（图 148）。所绘西洋人物特点与前述天主教题记碗一致（图 87），开光人物以教堂为背景，有天主教色彩。

8. 水盂

　　牛津展所见广珐琅西洋人物图水盂（图 116）。胎体

厚重，方形，上下渐收，口部留有沟槽，便于放置水勺。色彩浓艳，上部绘西洋人物，下部绘通景山水。牛津展时，迈克尔·吉林厄姆就认为该水盂年代可早至康熙[91]。

9. 盖盒

　　有圆筒形、六方形、扁长方三类。

　　圆筒盒，如《18 世纪的中国画珐琅》收录圆筒盒，锦地开光绘西洋人物（图 117）。该盒锦地构图严谨，装

90　Michael Gillingham, *Chinese painted enamels: catalogue of an exhibition held in the Ashmolean Museum Department of Eastern Art*, 1978. p.23.

91　Michael Gillingham, *Chinese painted enamels: catalogue of an exhibition held in the Ashmolean Museum Department of Eastern Art*, 1978. p.25.

图 125
左：广珐琅折枝花纹唾盂
　　苏富比拍品（伦敦 2013.5）
右：广珐琅胭脂红地开光山水图唾盂
　　苏富比拍品（香港 2010.4）

图 126
左：洒蓝地开光青花博古图长颈瓶，康熙，荷兰阿姆斯特丹国立博物馆藏
右：广珐琅锦地开光西洋人物长颈瓶，海外藏

饰华美，色彩丰富，应是从真实的织锦中摹绘而来，与雍正六年"古玩图"中广珐琅罐的锦纹完全一致（图 26 左）。

六方盖盒（图 118），倭角开光内的山水、人物、花鸟绘画略显稚拙，明显具早期广珐琅初创风貌。

扁方盒，牛津展展品（图 119）。盖面西洋人物手持十字架，是康熙朝天主教兴盛的真实写照。迈克尔·吉林厄姆也认为其年代可能早至 18 世纪早期[92]。

92　Michael Gillingham, *Chinese painted enamels: catalogue of an exhibition held in the Ashmolean Museum Department of Eastern Art*, 1978. p.22.

图 127
广珐琅锦地开光西洋人物长颈瓶
佳士得拍品（纽约 2011.1.Lot79）

图 128
广珐琅西洋人物长颈瓶
《18 世纪的中国画珐琅》收录

图 129-1　左：广珐琅锦鸡梅雀纹长颈瓶，苏富比拍品（纽约 2015.3.Lot239）
　　　　　右："大清康熙年制"青花女子射猎图长颈瓶，佳士得拍品（纽约 2018.3.Lot77）

图 129-2
左上：广珐琅锦鸡梅雀纹长颈瓶局部
右上：广东款彩漆屏风局部
　　　Skinner 拍品（波士顿 2016.3）
左下：广珐琅锦鸡梅雀纹长颈瓶局部
右下：素三彩梅雀纹盖罐，康熙，美国费城艺术博物馆藏

10. 唾盂

分鼓形、海棠形和马蹄形三式。

鼓形唾盂，牛津展展品，分器盖、器身两部分[93]，盖面内凹呈漏斗形（图 120 左）。盖顶的卷草，为早期广珐琅习见装饰，器身所绘山水也具康熙朝风貌。大都会艺术博物馆也有类似收藏，惜盖已失（图 120 右）。从北京故宫藏成套的画珐琅唾盂可知，此类盖呈内凹漏斗形的器物，为唾盂无疑（图 121）。

海棠式唾盂，《18 世纪的中国画珐琅》一书收录，海棠式器身，配圆形内凹漏斗形盖（图 122）。器身人物及两色锦地搭配，具早期特点。类似风格的唾盂，还见有一对花蝶纹唾盂，高度稍矮（图 123）。

马蹄形唾盂，又分圆形、四棱、五棱、六棱不同设计，均胎体厚重，鎏金呈色佳，带夔龙把手（图 124、125）。这类唾盂均藏海外，其装饰或白地花卉、或积红地开光山水、或积红地寿字、或白地山水，装饰均具鲜明的康熙朝特色。肩部或盖上的"T"字型装饰带，也为早期广珐琅流行元素。牛津展展品山水图唾盂的盖内（图

93　Michael Gillingham, *Chinese painted enamels: catalogue of an exhibition held in the Ashmolean Museum Department of Eastern Art*, 1978. p.23.

图130-1 左：广珐琅山水图瓶，大都会艺术博物馆藏
右：青花山水瓶局部，清康熙，上海博物馆藏

图130-2 左：广珐琅山水图瓶局部，大都会艺术博物馆藏
右：法国 Paul Viet 制画珐琅表，17世纪，大英博物馆藏

图 131　广珐琅开光西洋人物图高身罐、花觚，瑞士温特图尔博物馆藏

图 132　康熙青花高身罐、花觚组合，越南头顿号出水，大英博物馆藏

图 134
广珐琅山水图鼻烟壶
J & J 旧藏

图 135　广珐琅西洋人物图鼻烟壶两件
水松石山房旧藏

图 133　广珐琅山水图鼻烟壶，美国普林斯顿大学藏

124 右），所绘红彩卷草纹，也具康熙朝特点。

11. 瓶、罐

长颈瓶。海外藏开光西洋人物长颈瓶，瓶外底圈足内花卉（图 126 右），与前文论及的西洋人物盘外底花卉相同（图 39 下）。该瓶喇叭口长颈、球腹、开光形式，与康熙洒蓝青花开光博古图长颈瓶一致（图 126 左）。腹部饰毬锦与冰梅底纹。该瓶以大面积深棕色釉彩为底色，整体工艺、釉彩装饰等，略显粗糙，具初创特点。

海外藏另件长颈瓶（图 127），其腹部的毬锦、如意形开光、西洋人物、颈部的山水皴法、颈肩之间的冰裂纹带、色彩呈现等，均具康熙朝特色。《18 世纪的中国画珐琅》也收录一件长颈瓶（图 128），描绘一群西洋人在林木草地间把玩乐器，蓝色珐琅料发色不佳，红色深沉凝重，亦具早期珐琅特征。该书也将此瓶定为康熙年间制品[94]。

另有海外藏铜胎画珐琅梅雀纹长颈瓶，瓶体硕大，

与"大清康熙年制"青花女子涉猎图长颈瓶，具共同时代特征（图 129-1）；此外，腹部的黄地梅雀应是借鉴了康熙素三彩的意匠（图 129-2 下）。该瓶色彩丰富，绘画技法高超、梅枝曲折遒劲、花卉讲求阴阳向背，山石晕染精到，花鸟蝴蝶栩栩如生，特别是与广东款彩漆器表现手法酷似的锦鸡（图 129-2 上），停格在展翅的瞬间，极其华美绚丽，体现了康熙广珐琅的高超的艺术水平。

以上长颈瓶，均是上下两段分制，再焊接成一体。这与早期广珐琅窑炉容积较小，无法烧造太高的器物有关。早期广珐琅瓶的颈肩部的一条金属带，正是分段制作的工艺痕迹。

橄榄瓶。大都会艺术博物馆藏（图 130-1 左），瓶体通景式山水的构图、皴法，与康熙青花山水有共同时代风尚（图 130-1 右）。该器在表现中国传统山水构图的同时，巧妙地在山体间融入欧洲珐琅擅长的点染技法，形成了特有的一种山水风貌（图 130-2）。该瓶釉面大量缩釉点，也是早期广珐琅的工艺缺陷。

花觚和高身罐。瑞士温特图尔博物馆藏（图

94　Khalil Rizk, Michael Gillingham. *Chinese Painted Enamels of the 18th Century*, New York, The Chinese Porcelain Company, 1993.fig.45.

图136　胤禛十二美之《捻珠观猫》局部
　　　　故宫博物院藏

图137　上：　广珐琅山水图带扣，1978 年英国牛津大学阿什莫林博物馆
　　　　　　　中国画珐琅展目录收录
　　　　下左：广东款彩漆屏风局部
　　　　　　　康熙，佳士得拍品（伦敦 2015.11）
　　　　下右：广东款彩漆屏风局部
　　　　　　　康熙三十二年（1693）广东省博物馆藏

131）[95]。这类成组广珐琅器物，是欧洲流行的居家陈设组合。罐和花觚的上下两端饰冰梅纹，往内饰六角锦纹，器身饰若干开光花卉、西洋人物。从年代序列清晰的景德镇瓷器看，这种瘦高盖罐及中腰微弧凸的花觚，仅见于康熙朝，与越南头顿号（该船时代推测约在康熙二十九年左右）出水康熙青花高身罐、觚，在造型、组合、时代风格等方面完全一致（图 132）。而且，此类罐和觚的上下两端的冰梅纹，与景德镇康熙朝流行的青花釉里红冰梅纹，具共同时代风尚。冰梅以蓝色为地绘粉色梅花，但蓝料不稳定，已挥发成蓝灰甚至灰白色。此外，这类器物胎体厚重，底釉灰白，工艺粗拙，画风草率，呈色欠佳，均显现出初创的一些特点。

12. 鼻烟壶

前揭杨琳康熙五十五年奏折中，明确提到潘淳烧成

"鼻烟壶"。那么，此时的鼻烟壶究竟何种面目呢？确实有迹可循。英国普林斯顿大学藏及 J＆J 旧藏各一件山水图鼻烟壶（图 133、134），其所绘山水特点，与前文论及的广珐琅山水盘的绘画技法一致（图 56-1 左），可归入一群。这类鼻烟壶，蓝色珐琅有很多气泡，发色欠佳，明显有过烧的感觉，具早期珐琅的特点。

另有莫士辉（Hugh Moss）旧藏两件鼻烟壶，早年就被他本人断为康熙朝制品。一件壶体呈三角形，一面描绘圣家庭，另面描绘圣母玛利亚与圣子耶稣（图 135 左）。其风格特点，与前文被哈利·加纳（Harry Garner）定为最早的广珐琅西洋人物盘一致（图 39 下）；另一件扁圆体壶，一面绘圣母玛利亚，另面绘圣约瑟（图 135 右），人物特点与台北故宫藏清康熙锦地开光西洋仕女肖像画碗颇为一致（图 72 右）。

95　馆藏编号：1959.0823 A。亨利·弗朗西斯·杜邦（Henry Francis du Pont）遗赠。
　　该组藏品最早亮相于 1957 年在美国威明顿艺术协会举办的中国外销瓷及画珐琅展览。参见：Chinese export porcelain and enamels，[Exhibition] Sept. 25-Oct. 27, 1957. The Wilmington Society of the Fine Arts, Delaware Art Center Building, Wilmington, Descriptive text by David Hunt Stockwell.

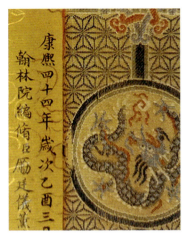

图138　上：广东款彩漆屏风局部
　　　　　康熙，佳士得拍品（伦敦 2012.5）
　　　　下：广珐琅西洋人物纹手镯
　　　　　1978 年英国牛津大学阿什莫林博物馆
　　　　　中国画珐琅展目录收录

图139　上：广珐琅锦地开光西洋人物图手镯　佳士得拍品（纽约 2011.1.Lot84）
　　　　下左：《妙法莲华经观世音菩萨普门品》封面织锦
　　　　　　　康熙四十四年，大英图书馆藏
　　　　下右："康熙御制"画珐琅对蝶纹鼻烟壶
　　　　　　　台北故宫博物院藏

13. 时辰表

　　杨琳康熙五十五年奏折中明确提及潘淳烧成"法蓝时辰表"。虽目前尚未能寻得早期广珐琅中"时辰表"的实物，但《胤禛美人图》之《捻珠氆氇》中，所见画珐琅"时辰表"（图136），为了解早期广珐琅"时辰表"面貌，提供了难得形象资料。图中所绘"时辰表"，顶部、四周及表盘，均嵌以珐琅饰件。据朱家溍考证，《胤禛美人图》的题字，很明确是雍亲王时期的胤禛亲笔[96]，可知该画作当是创作于胤禛被封硕雍亲王至雍正改元的康熙四十八年至六十一年。杨新也认为此画创作于康熙年间[97]。林姝更考证《胤禛美人图》为创作于雍亲王时期的雍亲王妃像[98]。由此看来，《捻珠氆氇图》中的"时辰表"，

便极有可能就是杨琳奏折中的广珐琅"时辰表"一类了。

14. 金纽子

　　前揭杨琳康熙五十五年两份奏折中，还提到"奴才令其制造法蓝金钮"及"尚有已打成底子，未画、未烧金纽坯"。据清段玉裁《说文解字注》，纽即"系也"，"可解者曰纽"，那么可解的"带扣"，自然可归入纽的一类，而"金纽子"即可理解为鎏金带扣了。牛津展中，有一对画珐琅的鎏金带扣，其画面所绘山水，多见于康熙时期的广东款彩屏风及景德镇瓷器上，具典型康熙朝风貌（图137）。

96　朱家溍：《关于雍正时期十二幅美人画的问题》，《紫禁城》1986 年第 3 期，第 45 页。
97　杨新：《〈胤禛围屏美人图〉探秘》，《故宫博物院院刊》2011 年第 2 期，第 6~23 页。
98　林姝：《"美人"欤？"后妃"乎？〈十二美人图〉为雍亲王像考》，《紫禁城》2013 年第 5 期，第 124~147 页。

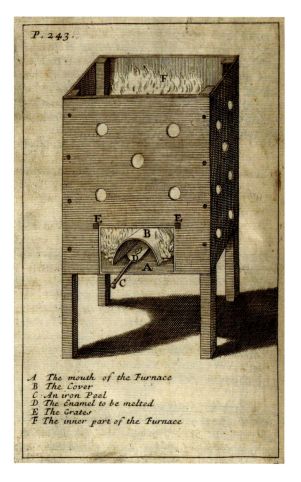

图140 欧洲 17 世纪的珐琅烤炉

图141 乾隆八年唐英奉旨编《陶冶图编次》
台北清玩雅集藏

15. 手镯

牛津展有西洋人物手镯两只（图138下）。其中一件手镯内饰冰梅纹的特点，与康熙广东款彩漆屏风上的一致（图138上）；海外另见有手镯一对（图139上），其外侧的锦纹，则见于康熙四十四年《妙法莲华经观世音菩萨普门品》封面织锦，完全是从康熙朝流行的织锦临摹而来（图139左下）。这种六角锦纹还见于台北故宫藏"康熙御制"对蝶纹鼻烟壶（图139右下）之上，应是宫廷借鉴广珐琅装饰的又一例子。

四、 几点认识

1. 早期广珐琅的特点

初创阶段。造型有画片、鼻烟壶、高身罐与花觚、长颈瓶、盘、盖碗、碗、高足碗、提梁壶、笔筒、盒、唾盂、手镯等。器物体量，大多较小。特别是高身罐、花觚、折沿盘是典型的欧洲陈设器用和餐具，说明此时已出现专门针对欧洲市场的产品，但产量不大。

工艺稚拙，胎体厚重。打底白料厚，多呈色灰白。釉面不够平整，多有裂隙痕，光泽欠佳，多缩釉、过烧、星点状色料污染明显。蓝料等呈色不稳定，深红、粉红等彩料明显高出底釉，有堆积感。

装饰中西合璧，明显受景德镇瓷器和西洋技法影响，中国化的天主教题材、中国传统山水、花卉、方格锦、球锦、六方锦、冰梅等流行。个别制品艺术水平颇高，或有中国匠师与传教士的共同参与。

成熟阶段。造型丰富，有各式杯、碗、盖碗、盘、碟、盆、盒、壶、罐、瓶、唾盂、笔筒、鼻烟壶、带扣、时辰表、

图 142　《瓷器制造图》册之"珐琅"、"大炉"，乾隆时期绘制

画片等。造型多样，富于变化，讲究配套，大盘、大盆、饰版等大件器物增多。

成型工艺复杂，器型规整、胎体厚重，口沿、圈足等部位鎏金考究。釉面平整光滑，偶有裂隙痕，原料制备成熟，白料洁白，彩料呈色稳定、鲜艳、凝厚。少见色料污染。

装饰喜用各式锦地与各式开光，"积红"工艺流行，善于效法景德镇瓷器、漆器、织锦、名家绘画、西方艺术、欧洲珐琅等不同门类的工艺与艺术，尤以康熙朝广东款彩漆器的影响最深，装饰风格中西合璧，天主教题材流行。注重细节表现，器底流行华美装饰。至康熙末年，中国传统的花鸟、人物、山水题材渐成主流，其品类之丰富及艺术上所达到的高度，远超我们的认知。

2. 欧洲影响

西方的明炉技术。17 世纪欧洲的珐琅烤炉，圆或方形，中空，铁制或以泥土砌成（图 140）[99]。炉膛底部，用耐火材料做成半个拱形炉洞，开口正对炉口，方便操作。炉膛围以炭火，待拱形炉洞烧到所需温度，便可用铁托架送入烤制的珐琅制品。

乾隆八年宫廷画家绘制、督陶官唐英编写对题的《陶冶图编次》中有"明炉暗炉"（图 141，右上角）加注释，其中提到"明炉类珐琅所用，口门向外，周围炭火，器置铁轮，其下托以铁叉，将瓷器送入炉中，旁以铁钩拨轮令其转旋，以匀火气，以画料光亮为度"。从其拱形炉洞的结构及铁轮铁叉等工具来看，显然是借鉴了欧洲珐琅炉的技术。图左下方的敞开式火炉，应是器物入珐琅炉前的预热炉。

99　Mr. H. Blancourt. *The Art of Glass: showing how to make all sorts of glass, crystal, and enamel.* (Written originally in French, 1650), first English edition. 1699. London: Dan Brown. p.243.

图143 上：法国利莫日珐琅开光花卉纹双耳杯
　　　 17世纪，Jacques Laudin（1627～1695）
　　　 法国利莫日博物馆藏
　　　 下：康熙五彩仿法国利莫日双耳杯
　　　 法国吉美博物馆

图144 利摩日地区生产的铜胎画珐琅杯
　　　 Laudin, Noël II 约1700~1720年
　　　 卢浮宫博物馆藏

　　乾隆广州瓷器外销画册页加注释中有榜题"大炉"一帧，从拱形炉洞的结构及铁轮、铁叉来看，同样是来自欧洲的"明炉"技术（图142）[100]。据"大炉"册页所示，器物入炉前也要围以炭火预热，出炉后以匣盖遮罩，令器物缓慢冷却，避免因急剧降温而造成破损或釉面炸裂。早期明炉容积较小，故相应制品体量稍小。

　　中国化的天主教题材。早期广珐琅西洋人物题材，多与天主教有关。这一方面来自欧洲画珐琅装饰固有传统的影响[101]；另一方面，主要与康熙朝天主教发展态势密切相关。康熙帝对天主教的宽容政策，使其在位期间，成为中国天主教发展的黄金时期。传教士成为广珐琅发展背后的重要推手。这些天主教题材广珐琅，兼具宗教

传播功能，是康熙朝天主教兴盛的历史见证。有趣的是，这些广珐琅天主教题材，均进行了中国化的改造。然而，康熙五十九年，朝廷与教皇的"礼仪之争"激化，康熙帝下令全国禁教[102]，从此，中国天主教进入"百年禁教"时期。据此，大量天主教题材广珐琅的下限，当不晚于康熙下令全国禁教的康熙五十九年。

　　玫瑰红与"积红"。由荷兰莱顿的安德烈亚斯·卡修斯（Andreas Cassius）用氯化金和锡制成的玫瑰红（Famille Rose），中国称洋红、胭脂红或金红，是早期广珐琅中最具辨识度的颜色。"潘淳指制"款仕女图饰板四周的花朵即是以玫瑰红绘成（图4左）。康熙五十五年杨琳奏折所言"桃红颜色的金子搀红铜料"，

100　Walter A.Staehelin. 1966. *The Book of Porcelain: The manufacture, transport and sale of export porcelain in China during the eighteenth century*, illustrated by a contemporary series of Chinese watercolors. Translated from the German by Michael Bullock.New York: The Macmillan Company. pp. 74,77.

101　17世纪以来，天主教题材始终是欧洲画珐琅重要的装饰内容之一。

102　康熙五十九年，嘉乐（Charles Maigrot, 1652–1730）携教皇禁约赴京，康熙帝阅知教皇禁约内容后，十分愤懑，朱批曰："览此告示，只可说得西洋人等小人，如何言得中国之大理。况西洋人等，无一人通汉书者。说言议论，令人可笑者多，今见来臣告示，竟是和尚道士，异端小教相同。似此乱言者莫过此此。以后不必西洋人在中国行教，禁此可也，免得多事。"

图 145　左：锡釉陶珐琅彩山水图执壶，法兰克福制釉陶
　　　　　 Rössler, Wolfgang 于纽伦堡彩绘，1690 ～ 1700 年
　　　　　 英国维多利亚与艾尔伯特博物馆藏
　　　　右：锡釉陶珐琅彩山水图执壶，代尔夫特制釉陶
　　　　　 Schaper, Johann（1621 ～ 1670）于纽伦堡彩绘
　　　　　 1663 年，英国维多利亚与艾尔伯特博物馆藏

图 146　广珐琅课子图积红折沿盘局部
　　　　广东省博物馆藏

也证实了中国的胭脂红确实是以黄金作为着色剂的。

早期广珐琅盘类等器物背面流行的胭脂红釉，正是前揭杨琳康熙五十七年奏折提及的"积红"。这类胭脂红釉，也属玫瑰红，多装饰在盘碗外壁，西方学者称其为"ruby back"。"积红"的胭脂红珐琅料技术虽来自欧洲，但"积红"的施釉技术，却具中国特色。细观"积红"釉面，明显由密集细小的颗粒聚合而成，是以吹釉法，使胭脂红料层层聚积在釉面，再经明炉烧成[103]，故称"积红"，是早期广珐琅最具特色的装饰。

利摩日等欧洲珐琅影响。广珐琅绘画的点染是借鉴了欧洲画珐琅的流行技法；广珐琅外底装饰，是来自 17 世纪法国利摩日珐琅的流行风尚（图 143）；早期广珐琅的珐琅彩色系，一方面受利摩日的影响（图 144），另一方面也有来自德国纽伦堡珐琅工艺的影响（图 145）；描金工艺，广珐琅称为"乳金"（图 146）[104]，也应源自欧洲，早在 17 世纪，欧洲利摩日珐琅的描金技术已十分

发达（图 147）。

纽伦堡模式的借鉴与广彩诞生。英国学者霍尼（W.B.Honey）认为与中国画珐琅起源密切相关的玫瑰红（又称胭脂红、金红）的起源，可追溯到 16 世纪[105]，荷兰莱顿的安德烈亚斯·卡西乌斯（Andreas Cassius）用氯化金和锡制成了以他的名字命名的玫瑰色。玫瑰红在陶器上的首次使用约在 1680 年左右，以德国纽伦堡的珐琅匠人为代表。从相关遗物来看，德国南部纽伦堡的画珐琅技术在 17 世纪末就已相当纯熟，并开创了最早的异地加彩模式，其画珐琅的素胎，多来自荷兰代尔夫特、德国法兰克福等地的素白锡釉陶。如英国 V&A 博物馆藏 Wolf Rössler, Johann Schaper 两位珐琅匠所绘锡釉珐琅彩执壶，就是最好的例子（图 145）。

康熙末年的广彩瓷器，在中国首开于产地之外批量加彩外销瓷器的全新贸易模式，但无论是以玫瑰红为标志的彩料，还是红、绿、翠、黄、白、黑等主要彩料的

103　感谢李颜珣先生相告积红的施彩工艺。

104　具体做法是将金箔放入大瓷乳盆中，用人工碾磨成糊状金粉，再用樟油、乳胶调和后在打好白珐琅地的器物上描绘。

105　W.B.Honey, *The Ceramic Art of China and other countries of the far East*, London Faber and Faber. 1954.

图 147　法国利莫日珐琅人物图盘，大英博物馆藏

特点，抑或利用景德镇素胎在广州异地加彩的模式，均应是借鉴纽伦堡模式的结果。

广彩瓷器甫一出现，便是华丽登场。因早期广彩的技术、彩料、装饰，完全从成熟的广珐琅借鉴而来，不仅彩料鲜艳凝厚，工艺考究，而且由于珐琅名家的参与，艺术成就极高，达到了广彩发展史上的巅峰。

3. 中国风尚

效法名家。从清张庚《国朝画征录》中"及武进恽寿平出，凡写生家俱却步矣。近世无论江南江北，莫不家南田而户正叔"的记载可知，当时名家书画传播甚广，对社会影响至深。早期广珐琅的中国传统题材，大多可从名家绘画中追本溯源。以恽寿平为首的常州派，以及

擅长花卉创作的蒋廷锡、项圣谟等词臣画家，极大发扬了没骨花卉技法，影响了广珐琅上的花鸟装饰。而广珐琅上的人物形象明显受禹之鼎、焦秉贞、冷枚的影响；山水则主要取法清初四王之一王翚、弘仁等的绘画风格；至于香妃竹花几、栏杆等陈设的细致描绘，既是清初画坛的流行元素，也是对焦秉贞、冷枚等名家绘画的模仿。

时尚流行。早期广珐琅各式锦纹、冰裂纹，即源自同时代日常生活的时尚元素[106]。早期广珐琅各式锦纹写实性强，大多直接摹绘织锦实物、华美考究、色彩丰富，比例较大，大多可在同时期绘画或实锦中找到对应纹样，是早期画珐琅独有现象。而康熙以后的锦纹，多是在早期锦纹基础上简化或再加工而来；早期画珐琅冰裂纹的流行，是清前期冰裂纹装饰在社会生活中大行其道的一个缩影。这一从明代就已形成的审美文化风习[107]，在康熙朝盛行一时。雍正以后虽也有冰裂纹，但明显有简化

106　透过康熙朝绘画，可感受到形色各异的织锦，已渗透到从宫廷到民间的各方面，成为日常生活中不可或缺的时尚点缀。参阅尹翠琪，：《宋锦之象：十八世纪广东珐琅与外销瓷的八方锦纹》，《美术史研究集刊》第48期，2020年，第159~192页。

107　谢明良：《"碎器"及其他——十七至十八世纪欧洲人的中国陶瓷想象》，《美术史研究集刊》第40期，2016年，第51~94页。

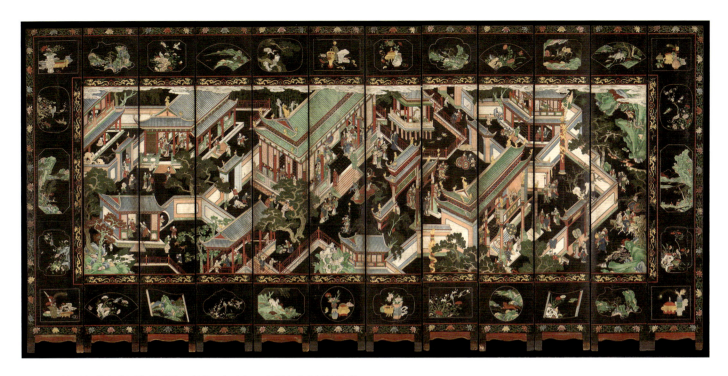

图 148　清冯朗公宫苑图款彩屏风，康熙二十八年，大都会艺术博物馆藏

趋势，容易识别。

借鉴款彩。据文献和实物，广东的端州[108]、佛山[109]等地是康熙朝"款彩"漆屏风（欧洲称"柯洛曼多"屏风）[110]的重要产地。这类屏风，早在康熙十年（1671）前后就已颇为成熟[111]，康熙朝是其鼎盛阶段。在广珐琅初创的年代，"款彩"屏风早已是"贵重一时"的南粤名品。如大都会艺术博物馆藏康熙朝款彩屏风，装饰华美，工艺精湛，题材丰富、艺术水平极高（图 148）。几乎广珐琅上的所有装饰，均可看到款彩屏风的深刻影响。因款彩漆器装饰的彩绘、晕染技法，特别适用于广珐琅的细腻呈现，故其丰富的装饰，便成为新创广珐琅最重要

的借鉴对象和最便捷的装饰粉本来源。据此推断，很有可能早期广珐琅的画师，部分来自高手云集和高度发达的广东款彩漆器行业。

景德镇的影响。广彩老前辈们口口相传，说是最早康熙朝来广州的江西景德镇彩瓷艺人是杨快和曹琨，他们在广州授徒，传授加彩技艺，发展了广彩。尽管这只是一个传说，但绝非空穴来风，而且景德镇陶瓷对广彩及广珐琅的影响毋庸置疑。本文列举的大量例证表明，广珐琅在造型、工艺、构图与装饰等方面，均受到景德镇瓷器的深刻影响。

108　康熙朝著名学者毛奇龄（1623~1716）《西河词话》"吴留村作三折屏"条云："端州有时制雕漆屏风，功作精巧，贵重一时，然其概，不过两边彩饰，多镂刻名人诗画而已。"

109　阮华端：《美国大都会艺术博物馆藏"清冯朗公宫苑图屏风"研究》，《艺术与民俗》2019 年第 2 期，第 27~37 页。文中引述大都会艺术博物馆藏款彩"清冯朗公制宫苑图屏风"，背面清晰刻有"佛山水巷琢古斋冯朗公制"款。

110　这类屏风当时由东印度公司，经印度柯洛曼多（Coromandel）转口至欧洲，故被欧洲人称为"柯洛曼多"屏风。

111　Herbert Cescinsky, 1922, *Chinese Furniture: A Series of Examples from Collections in France*, London: Benn Brothers, pp.14–17.

4. 成就与影响

臻于巅峰。初创的广珐琅，在经历了短暂的摸索之后，便迅速走向成熟。康熙的广珐琅精品，浑融中西、绚彩华丽，所绘山水、人物、花鸟等技艺高超、细腻传神，艺术水平已臻于有清一代巅峰，精品堪与宫廷画珐琅比肩。

深远影响。伴随着广州珐琅匠被举荐至清宫参与画珐琅制作，广珐琅技术、彩料等也被带入宫中。广珐琅的装饰艺术，也有机会融入宫廷画珐琅的创作。康熙时期宫廷画珐琅，装饰讲究对称，法度严谨，端庄富贵，但亦有部分宫廷画珐琅装饰呈现出灵动洒脱的气韵。对照同时期广珐琅作品，可知其为广匠带入宫廷画珐琅装饰的新风尚。

受益于广珐琅技术、人才、原料等方面支持，康熙时期宫廷珐琅获得极大成功，日后更进一步引发了雍正、乾隆两朝景德镇御窑洋彩的大发展，从根本上改变和丰富了景德镇御窑瓷器的装饰面貌，对后世御窑瓷器影响深远。

广珐琅在衍生出行销世界的广彩瓷器的同时，因广彩素白瓷购自景德镇，导致景德镇与广州的交流盛况空前，也促使广州的珐琅彩料及技术，在康熙末年迅速传播至景德镇民窑，激发了景德镇民窑粉彩瓷器的大发展[112]，传统五彩逐渐退出历史舞台，从而彻底改变了中国陶瓷釉上彩装饰的走向。

五、 结语

18 世纪初，地处中西交流前沿的广州，在开海解禁后中欧经济、文化、科技交流日趋兴盛的背景下，凭借地利之便和欧洲传教士的推动，引入欧洲的画珐琅原料及技术，将中西文化艺术与工艺技术熔于一炉，成功创烧出全新的广珐琅工艺品种。其创烧时间，当不晚于康熙五十一年。

早期广珐琅的发展，经历了从初创逐渐走向成熟的过程。创始之初，受康熙朝天主教传播的影响，天主教题材流行，兼具宣教功能。绘画技法兼及中西，或有高水平的款彩漆器画师参与，借鉴广东款彩漆器装饰及景德镇陶瓷工艺，融入时尚元素，造就了早期广珐琅中西合璧的独特样貌。康熙末年，受全面禁止天主教影响，装饰更多取法清代早期宫廷绘画名家作品，中国传统题材成为装饰主流，艺术水平臻于有清一代顶峰，其精品可与宫廷珐琅比肩，产品远销欧洲市场。

在广珐琅的创烧与发展过程中，广州在地域、人才、技术及原料等方面，始终较宫廷占有一定优势；在工艺与装饰方面，也往往得领风气之先。广珐琅的成功，不仅对宫廷珐琅和景德镇釉上彩瓷的发展均有所助益，而且引发了广东最负盛名的广彩的产生及在西方的广为流行，进而深刻改变了有清一代中国陶瓷的总体风貌，对中国陶瓷的发展影响深远，在中西文明交流史上占有不可替代的重要地位。

---

112 从目前掌握的证据来看，至迟在康熙五十六年，广珐琅标志性的胭脂红料已传入景德镇。如荷兰国立博物馆藏荷兰人在景德镇定制的一批最早装饰胭脂红的城市纹章瓷，应是在 1713 年乌得勒支条约签订之后，于 1717 年荷兰、法国和英格兰确立同盟国之时定制的。

后记
Postscript

　　近年来，国家倡导推进中外文明交流互鉴，广州外销艺术与中外文明交流的话题和研究受到广泛关注。2021年，香港中文大学文物馆发起并联合深圳博物馆共同申报"广东铜胎画珐琅特展"，最终入选2022年度文化和旅游部国家艺术基金资助项目。此次"浑融中西 绚彩华丽——清代广东金属胎画珐琅特展"由深圳博物馆与香港中文大学文物馆联合主办，也是两馆之间继2022年签署战略合作意向书并成功举办"紫泥清韵——香港中文大学文物馆藏紫砂精品展"后的又一次深入合作，有利于进一步加强深港文化交流，促进大湾区文化艺术合作创新。展览同时也得到了故宫博物院、天津博物馆、广州十三行博物馆等10家借展协办单位的鼎力支持，并提供高清文物图片，在此谨致谢忱。

　　本次展览源于深圳博物馆郭学雷研究员多年对广彩、广珐琅等广东外销艺术的全新学术研究成果，具有重要的创新意义。展览选取广东金属胎画珐琅这一独具特色的岭南工艺名品，从画珐琅技术起源、广珐琅的早期面貌及内外销市场等角度探索十八世纪的中西文化交流，兼具学术性与艺术性。2023年9月底，深圳博物馆围绕展览举办了"清代广东画珐琅与中西文化交流"的专题学术研讨会，来自故宫博物院、沈阳故宫博物院、天津博物馆、广东省博物馆、香港中文大学、中国传媒大学和深圳博物馆等机构的20余位专家学者，围绕清代广东金属胎画珐琅的技术渊源、工艺特征、装饰题材以及相关市场贸易、文化交流等方面发表了重要的研究成果和学术见解，对于进一步了解和研究广珐琅发展历程，传承和弘扬广珐琅工艺都具有积极的作用与重要的意义。

　　此次展览策划及图录编订由深圳博物馆郭学雷研究馆员担纲学术总策划，黄阳兴研究馆员学术统筹协调，罗晶晶博士担任执行策展人。根据郭学雷研究员的研究、香港中文大学文物馆提供的相关资料，罗晶晶博士编写了展览内容大纲初稿，学术研究部陈坤、周庭熙与藏品保护部胡亚楠等协助编写部分展品说明，搜集整理相关资料。郭学雷研究员全面审阅、修订了整个大纲文本及图录说明，补充了大量新材料。此外，弋子涵还协助罗晶晶完成了部分文本的英文翻译工作。

　　本图录力求以全新的学术解读与多元的辅助图像，呈现广珐琅的丰富面貌及其艺术高度。囿于编者学识有限，书中难免仍有纰漏，敬请读者、方家批评指正！